おうちで楽しむ
スパイス料理と
カレー

一条もんこ

ⓘ 池田書店

❀ Contents

5つのスパイスでいつもの
　料理がもっとおいしくなる ── 4

スパイスプロフィール
クミン ── 6
コリアンダー ── 8
ターメリック ── 10
チリペッパー ── 12
カルダモン ── 14

食材で使い分ける
　スパイスの BEST セレクト ── 16

作っておきたい！　覚えておきたい！
　本書でよく使う万能調味料 ── 18

本書での玉ねぎ調理の
　しかたについて ── 19

本書の使い方 ── 20

Chapter 1
スパイス1つで楽しむレシピ

マッシュポテト ── 22
クミンドレッシングのカルパッチョ ── 23
焦がしバターのきのこソテー ── 24
クミンのふりかけ ── 26
無限キャベツ ── 27
たまり漬け ── 28
コリアンダーのチキンソテー ── 30
鶏ささみの梅肉和え ── 31
ほたてのターメリックバター焼き ── 32
ターメリックソースの
　ヨーグルトサラダ ── 33
トマトとターメリックの
　コンソメスープ ── 34
辛みそレタスサラダ ── 36
鶏もも肉のトマトライス ── 37
カルダモンのかにかまサラダ ── 38
カルダモンオムレツ ── 39

Chapter 2
スパイス組み合わせレシピ

甘辛田楽はんぺん ── 44
旨辛チーズの焼きトマト ── 45
チキンステーキ
　トマトソースがけ ── 46
卵のピクルス ── 48
スパイシー山かけ ── 49
梅干しのアチャール ── 50
東北中華風ピリ辛豚バラ肉炒め ── 52
コンビーフのパテ ── 53
ダブルクミンのポテトサラダ ── 54
香るフレンチチーズトースト ── 56
スパイス香るまるごとトマトライス ── 57
まるごとたいめし ── 58
手羽元の照り焼き ── 60
さつまいもの甘煮 ── 62
骨つきタンドリー風チキン ── 70
カリフラワーのサブジ
　（野菜の蒸し焼き） ── 71
パンチェッタペペロンチーノ ── 72

和風チリコンカン —— 74

スパイシー
　ヨーグルトサラダ（ライタ）—— 75

焼かないミートローフ —— 76

いわしのマサラ焼き —— 78

揚げないツナのカトレット —— 79

白菜と手羽先肉のクリーム煮 —— 80

さばのカチュンバル —— 82

高菜の和風アチャール —— 83

チキン65（インド風から揚げ）—— 84

ピリ辛エスニック鶏そぼろ —— 86

マーマレードポーク —— 87

Chapter **3**
レパートリー満載！
スパイスカレーレシピ

簡単本格バターチキンカレー —— 92

春菊とチーズのカレー —— 94

豚の粗びき肉とひじきのカレー —— 96

スリランカ風フィッシュカレー —— 98

バター香る豆カレー —— 100

レモンクリームカレー —— 102

梅干しと鶏手羽中のカレー —— 104

和風ポークビンダルー —— 106

トマトキーマカレー —— 108

ゴロゴロ野菜カレー —— 110

和風シーフードカレー —— 112

ココナッツドライビーフカレー —— 114

ポークドピアザ —— 116

さばみそドライキーマ —— 118

冷やし生カレー —— 120

🐘 column

スパイスで作る
万能たれ&ソース&ドレッシング

たれ —— 40

ソース —— 41

ドレッシング —— 42

野菜1種使い切りでフルコース！

大根 —— 64

キャベツ —— 66

にんじん —— 68

カレーと一緒に作って食べたい
レシピ

ターメリックでレモンライス —— 88

クミンライス —— 88

ナン —— 89

フォカッチャ —— 90

スイーツ

ヨーグルトレモンケーキ —— 122

ブラウニー —— 123

焼かないなめらかチーズケーキ —— 124

はちみつ生キャラメル —— 125

ドリンク

クミンティー —— 126

ターメリックの豆乳ミルク —— 126

カルダモン香るカフェオレ —— 127

スパイシーなチャイ —— 127

５つのスパイスで
いつもの料理が
もっとおいしくなる！

スパイスには、健康や美容に効果がある成分が含まれ、その効能に注目が集まっています。健康志向や食への意識の高まりもあって、スパイスを料理に取り入れる人が増えているようにも思います。特に、スパイスを独自に組み合わせたスパイスカレーが流行し、ますますスパイスは身近なものになってきました。

しかしながら、たくさんの種類のスパイスを買ってみたけれど、使い方がよくわからない、結局余らせてしまうという声を聞くことがよくあります。

そこで、そんなみなさんに、日常の料理にもっとスパイスを活用していただきたいと思い、おかずにもカレーにも使いまわせるスパイスを取り上げ、その活用法を紹介したいと思います。

スパイスには、主に香り、色、辛みをつける役割があり、少し加えるだけで、いつもの料理に華やかな香りを添えたり、味に立体感を与えたりすることができます。**クミン**、**コリアンダー**、**ターメリック**、**チリペッパー**、**カルダモン**——この5種類があれば、それをかなえることができるのです。

スパイスは1種類でもその効果を味わうことができます。最初は単品でスパイスの香りを楽しみ、十分にそれぞれの香りを感じられるとわかりやすいと思います。そこから複数のスパイスを組み合わせたものやスパイスカレーといった進み方がおすすめです。

また、スパイスは調味料と相性がよく、特にしょうゆやみそ、みりんのほか、ナンプラーなどの発酵調味料と合わせることでグンと味に深みが出るという作用もあります。食材との相性も重要で、スパイスの特性によって使い分けることで食材の持つ本来の味や風味を損なわず、より旨みを引き立てることができます。

本書では、複雑な工程は極力省き、家庭で作りやすい材料で本格的な味が楽しめるレシピを数多く紹介しています。普段の料理にスパイスを組み合わせるという新しい世界で、料理の可能性を広げていただけたら幸いです。

まずは、次のページから、スパイスの特徴や役割を知り、個々の魅力に迫ってみましょう。それぞれの個性を知ることで、料理にどう活かすとおいしさにつながるかがわかってくると思います。

みなさんの食生活がスパイスでより充実したものになりますように。

一条もんこ

クミン

cumin

【パウダー】 【粒】

エジプト原産のエスニックで芳醇な香りのスパイス

　もとは、 エジプトを流れるナイル川の渓谷に自生していたクミン。 インドのみならず、 周辺諸国や中東の広いエリアでは調味料のメインとして多用されている。 古代から下痢止めや整腸剤として使われてきた。

　中世ヨーロッパでは、 クミンは恋人の心変わりを防ぐ神秘的な香りと信じられており、 結婚式で新郎新婦がポケットの中にクミンを忍ばせて出席することもあったといわれている。

　活用方法が多彩なクミン。 本書ではその特性を活かしてパウダーと粒の両方を使用したレシピを紹介。

DATA

【学名】
Cuminum cyminum

【和名】
馬芹 （うまぜり）

【別名】
ジーラ

【科名】
セリ科

【原産地】
エジプト

【利用部位】
種子 （果実）

【特徴】
強く独特の風味で、 ほろ苦く個性的な香り。 やや辛みがあり、 アジア・スパイス料理の中心的存在。

【効果】
健胃・整腸作用、 食欲増進、 消化促進などの効果がある。 ビタミンA・C・Eやカリウム、 鉄分などを含む。

【用途】
世界各地で肉や野菜の煮込み料理、 炒め物、 パンなどの広いジャンルで用いられている。 カレーを作る際に欠かせないスパイスのひとつ。

✿ どんな料理とも 相性がよい万能スパイス

　香りが確立されており、比較的どんな料理とも相性がよい。特に酸味や辛みのある料理との相性がよく、粒とパウダーを組み合わせることで味に立体感を与えてくれる。

粒／香りを油に移す場合、調理器具に火をつけずに常温の状態で油とクミンを合わせてから火をつけ、弱火でゆっくりと加熱して香りを充分に引き出す。クミンから小さな気泡が出て香りが立ち、だんだんと気泡が大きくなり、より香りが高まったところで食材を加える。

パウダー／調理の途中や仕上げに使用する。焦げやすいので高温での調理には注意したいが、同時に加熱による香ばしさもあわせ持つので、そこはおおいに利用したい。

✿ 「腸活」の第一人者

　消化促進、胃腸の調子を整えてくれる作用があり、腸内環境が整うことで肌荒れを防ぎ、美肌効果が期待できる。手軽に飲めるクミンティー（p126）がおすすめ。食欲がないときや、便秘、胃もたれなど、調子がよくないときにも有効。

✿ おすすめ活用法

　炊きたてのごはんにひとふりすると甘く華やかな香りに。料理にはひとつまみから、カレーには1人分小さじ1/2から使用。クミンの香りは印象に残りやすく、極端に入れすぎると素材の味がぼやけてしまう場合があるので注意する。

　おすすめの掛け合わせスパイスは**チリペッパー**。辛みと合わせることで料理を引き締めてくれる。→甘辛田楽はんぺん（p44）

本書でクミンを使ったレシピ

p22 マッシュポテト	p65 チーズ大根もち	p90 フォカッチャ
p23 クミンドレッシングのカルパッチョ	p66 キャベツ焼き	p94 春菊とチーズのカレー
p24 焦がしバターのきのこソテー	p67 キャベツと豚バラ肉のはさみ蒸し	p96 豚の粗びき肉とひじきのカレー
p26 クミンのふりかけ	p68 リッチな香りのグラッセ	p98 スリランカ風フィッシュカレー
p27 無限キャベツ	p69 にんじんのみそクリームスープ	p100 バター香る豆カレー
p28 たまり漬け	p69 にんじんの和風ポトフ	p102 レモンクリームカレー
p40 たれ（中段）	p70 骨つきタンドリー風チキン	p104 梅干と鶏手羽中のカレー
p41 ソース（上段）	p71 カリフラワーのサブジ（野菜の蒸し焼き）	p106 和風ポークビンダルー
p42 ドレッシング（上段）	p72 パンチェッタペペロンチーノ	p108 トマトキーマカレー
p44 甘辛田楽はんぺん	p74 和風チリコンカン	p110 ゴロゴロ野菜カレー
p45 旨辛チーズの焼きトマト	p75 スパイシーヨーグルトサラダ（ライタ）	p112 和風シーフードカレー
p46 チキンステーキトマトソースがけ	p76 焼かないミートローフ	p114 ココナッツドライビーフカレー
p49 スパイシー山かけ	p78 いわしのマサラ焼き	p116 ポークビアザ
p50 梅干しのアチャール	p79 揚げないツナのカトレット	p118 さばみそドライキーマ
p52 東北中華風ピリ辛豚バラ肉炒め	p82 さばのカチュンバル	p120 冷やし生カレー
p54 ダブルクミンのポテトサラダ	p83 高菜の和風アチャール	p122 ヨーグルトレモンケーキ
p58 まるごとたいめし	p85 チキン65（インド風から揚げ）	p123 ブラウニー
p64 大根のみぞれサラダ	p86 ピリ辛エスニック鶏そぼろ	p125 はちみつ生キャラメル
p64 大根の和風温サラダ	p87 マーマレードポーク	p126 クミンティー
p65 たっぷり大根のスープ	p88 クミンライス	

コリアンダー

coriander

疲労回復とリラックス、
美容に効果のある恵みの種子

　地中海地方が原産地で、現在ではさまざまな国で栽培されている。生産国では葉と種子（果実）どちらにも需要が高く、特に南アジアや南米では料理に欠かせないスパイスのひとつ。

　コリアンダーの葉は香菜（パクチー）として知られ、ハーブ、薬味として用いられている。古代エジプトの「千夜一夜物語」などにも登場し、気分を高揚させる「幸福をもたらすスパイス」と考えられていた。

DATA

【学名】
Coriandrum sativum L.

【和名】
コエンドロ

【別名】
シラントロ

【科名】
セリ科

【原産地】
地中海沿岸

【利用部位】
種子（果実）

【特徴】
かすかに甘く、柑橘類に似たさわやかな香りで、ほのかにスパイシーな香りを持つ。

【効果】
消化促進、食欲増進、デトックス効果が期待できる。ビタミンB_2・C、カルシウム、鉄分などの栄養素を豊富に含む。

【用途】
南アジア料理全般に、西洋では魚介料理に使われる。カレーを作る際には欠かせないスパイスのひとつ。

🏵 料理の土台を作る「縁の下の力持ち」

柑橘系のさわやかな香り。安定感のある香りでクセがなく、どんな料理にも合わせやすい「縁の下の力持ち」のような存在。

スパイシーさが足りないときに加えるのがおすすめ。また、加熱をしなくても直に調味料として使えるメリットもあり、ほんのりスパイシーな香りを添えたいときにひとつまみをふりかけるようなテクニックもある。

🏵 デトックス効果で老廃物を排出

体の細胞を甦らせてくれる抗酸化作用を持ち、アンチエイジングに最適なスパイス。骨を強くするビタミンB_2・C、カルシウムなどが含まれている。

体内の不要な金属性物質を排出する働きを持つため、デトックス効果にもつながる。

🏵 おすすめ活用法

サラダに散らすと柑橘系のさわやかな風味に。料理の仕上げにひとつまみ、直接ふりかけるだけでも違和感なく香りが上乗せされる。カレーには1人分小さじ1から加えると清涼感が生まれる。

おすすめの掛け合わせスパイスはカルダモン。コリアンダーは柑橘系のさっぱりとした香り、カルダモンはより繊細で上品な香りなので、組み合わせることでより華やかな香りが生まれる。

→白菜と手羽先肉のクリーム煮（p80）

本書でコリアンダーを使ったレシピ

p30　コリアンダーのチキンソテー	p84　チキン65（インド風から揚げ）
p31　鶏ささみの梅肉和え	p86　ピリ辛エスニック鶏そぼろ
p40　たれ（下段）	p92　簡単本格バターチキンカレー
p42　ドレッシング（下段）	p94　春菊とチーズのカレー
p46　チキンステーキトマトソースがけ	p96　豚の粗びき肉とひじきのカレー
p53　コンビーフのパテ	p98　スリランカ風フィッシュカレー
p60　手羽元の照り焼き	p102　レモンクリームカレー
p65　たっぷり大根のスープ	p104　梅干しと鶏手羽中のカレー
p66　ザワークラウト	p106　和風ポークビンダルー
p67　キャベツと厚揚げのピリ辛チーズグラタン	p108　トマトキーマカレー
p69　にんじんのみそクリームスープ	p110　ゴロゴロ野菜カレー
p69　にんじんの和風ポトフ	p112　和風シーフードカレー
p70　骨つきタンドリー風チキン	p114　ココナッツドライビーフカレー
p72　パンチェッタペペロンチーノ	p116　ポークピアザ
p74　和風チリコンカン	p118　さばみそドライキーマ
p78　いわしのマサラ焼き	p120　冷やし生カレー
p79　揚げないツナのカトレット	p123　ブラウニー
p80　白菜と手羽先肉のクリーム煮	p127　スパイシーなチャイ
p82　さばのカチュンバル	

ターメリック

Turmeric

日本ではウコンとして知られる黄金の万能薬

　原産地のインドでは、 紀元前10世紀から栽培されていたと考えられており、 黄色い染料の原料としても広く用いられていた。 晩夏～秋には白い花を咲かせる。

　日本では薬として使用されることが多く、 二日酔い予防用のドリンクに使われていることからわかるように、 肝機能障害を予防してくれる。「春ウコン」 や 「紫ウコン」 というものもあるが、 これは同じショウガ科の別の植物である。

DATA

【学名】
Curcuma longa

【和名】
ウコン

【別名】
秋ウコン、 インディアンサフラン

【科名】
ショウガ科

【原産地】
インド熱帯アジア

【利用部位】
根茎

【特徴】
料理を黄色に色づけするのに活躍するスパイスで、 独特の土臭さと刺激的でさわやかな香りを持つ。

【効果】
抗菌作用、 抗酸化作用、 老化予防やがん予防にも効果が期待されている。

【用途】
さまざまな食材との相性がよい。 独特の香りは、 加熱することで弱まり、 料理の味をマイルドに仕上げる。

❀ 加熱することで
色づきと香りが変化

主に色づけに使われるスパイスで、根茎のため土のような香りもある。

基本的に加熱してから使うことが効果的。油と合わせて加熱するのがもっとも適した調理法であるが、油なしの加熱のみでも十分に色と香りは抽出できる。加熱をしない場合は、ごく微量を酸味のある食材と合わせるのがベター。

加熱によってその香りが和らいでほのかな香りに変わる。実はこの香りがカレーに深みを与える。少量でも色や香りがつきやすいので、ほかのスパイスよりも使用量を控える。

❀ 肝臓機能の調子を整える

二日酔いの解消に抜群の効果がある。肝臓の機能を活性化して調子を整えてくれる。お酒を飲む前に摂ることが望ましいが、摂取できなくても、飲酒後にカレーなどでターメリックを摂取することで翌日の目覚めがスッキリする。

同じく効果が高いとされている認知機能低下の予防を効果的にするには、若いうちから継続して摂取すると、より有効であるといわれている。

❀ おすすめ活用法

ヨーグルトにひとつまみ混ぜると鮮やかな黄色に。ごく少量でも着色は可能。苦みを含んだ香りがするため、ひとつまみ以下から加えると調整しやすい。カレーには1人分ひとつまみから小さじ1/3程度を使用するのが基本。

おすすめの掛け合わせスパイスは**クミン**。ターメリック特有の苦い風味を、クミンのはっきりとした香りが緩和してくれる。→スパイシー山かけ（p49）

本書でターメリックを使ったレシピ

p32　ほたてのターメリックバター焼き
p33　ターメリックソースのヨーグルトサラダ
p34　トマトとターメリックのコンソメスープ
p41　ソース（中段）
p48　卵のピクルス
p49　スパイシー山かけ
p50　梅干しのアチャール
p56　香るフレンチチーズトースト
p57　スパイス香るまるごとトマトライス
p62　さつまいもの甘煮
p65　チーズ大根もち
p66　ザワークラウト
p67　和風ロールキャベツのスープ
p69　にんじんのミルフィーユ蒸し
p69　にんじんの和風ポトフ
p71　カリフラワーのサブジ（野菜の蒸し焼き）
p78　いわしのマサラ焼き

p83　高菜の和風アチャール
p84　チキン65（インド風から揚げ）
p88　ターメリックでレモンライス
p92　簡単本格バターチキンカレー
p94　春菊とチーズのカレー
p96　豚の粗びき肉とひじきのカレー
p98　スリランカ風フィッシュカレー
p100　バター香る豆カレー
p102　レモンクリームカレー
p106　和風ポークビンダルー
p110　ゴロゴロ野菜カレー
p114　ココナッツドライビーフカレー
p116　ポークドピアザ
p118　さばみそドライキーマ
p122　ヨーグルトレモンケーキ
p124　焼かないなめらかチーズケーキ
p126　ターメリックの豆乳ミルク

チリペッパー

chili pepper

料理のアクセントに刺激的な辛みをプラス

　チリペッパーはトウガラシを乾燥させて粉末状にしたもの。 トウガラシは世界各地でさまざまな形、 色のものが栽培されており、 数千種類も存在するといわれている。 スパイスとしては完熟した赤色の果実を乾燥させたものを主に用いる。 別名で売られていることもある。

　大量に使うと、 胃が荒れてしまう原因になる。 辛みの主成分・カプサイシンは種子がつく中央部 （ワタ） に含まれており、 実が熟するにつれてカプサイシンが蓄積される。

DATA

【学名】
Capsicum annuum

【和名】
トウガラシ

【別名】
カイエンペッパー、 レッドペッパーなど

【科名】
ナス科

【原産地】
熱帯アメリカ

【利用部位】
果実

【特徴】
マイルドなものから刺激的なものまで品種によってさまざまだが、 共通して辛みを加える役割を持つ。

【効果】
抗酸化作用、 食欲増進、 血行促進のほか、 発汗作用によるダイエット効果が期待できる。 ビタミンA・Cが豊富に含まれている。

【用途】
煮物、 炒め物、 スープ、 薬味に活用。 さまざまな料理の辛みづけに使われている。

辛みづけのほか、味を引き締める役割も！

辛みのスパイス。ホールで使うこともあるが、辛さを調整しやすくするためにはパウダー状が使いやすい。

使うタイミングは調理中か仕上げ。焦げやすいため注意が必要。基本的には辛くするためのスパイスではあるが、料理にアクセントを与えたり味を引き締めたりするために使われることもある。その場合はごく微量を。

香り自体に香ばしさや甘さを感じる場合がある。

発汗作用で美容・ダイエットに大活躍！

基礎代謝の活性化に効果的。発汗作用により体の反応をいち早く感じられる。アンチエイジング効果が期待できる抗酸化作用もあり、ビタミンCも多く含まれている。

また、刺激や発汗によって一時的に熱く感じるが、最終的には体温を下げる効果があるので、食べた後には爽快感が得られる。暑い日に辛いものを食べたくなるのは、無意識に食後の爽快感を求めているからかもしれない。

おすすめ活用法

みそ汁に少し加えると後を引くおいしさに。香りには甘さを感じるが、少量でも刺激は強い。人によって刺激の感じ方は違うので、少しずつ調整する。後から加えても料理の味自体には影響がないので、辛さが足りないときは追加するとよい。

おすすめの掛け合わせスパイスは**コリアンダー**。辛さを強調した料理にはコリアンダーが風味にやわらかさを与えてくれる。→和風チリコンカン（p74）

本書でチリペッパーを使ったレシピ

p36	辛みそレタスサラダ	p78	いわしのマサラ焼き
p37	鶏もも肉のトマトライス	p82	さばのカチュンバル
p40	たれ（上段）	p83	高菜の和風アチャール
p44	甘辛田楽はんぺん	p86	ピリ辛エスニック鶏そぼろ
p45	旨辛チーズの焼きトマト	p94	春菊とチーズのカレー
p46	チキンステーキトマトソースがけ	p96	豚の粗びき肉とひじきのカレー
p50	梅干しのアチャール	p98	スリランカ風フィッシュカレー
p52	東北中華風ピリ辛豚バラ肉炒め	p100	バター香る豆カレー
p60	手羽元の照り焼き	p104	梅干しと鶏手羽中のカレー
p64	大根の和風温サラダ	p106	和風ポークビンダルー
p65	大根ステーキ赤ワインソース添え	p108	トマトキーマカレー
p67	キャベツと豚バラ肉のはさみ蒸し	p112	和風シーフードカレー
p67	キャベツと厚揚げのピリ辛チーズグラタン	p114	ココナッツドライビーフカレー
p71	カリフラワーのサブジ（野菜の蒸し焼き）	p116	ポークビザ
p72	パンチェッタペペロンチーノ	p118	さばみそドライキーマ
p74	和風チリコンカン	p120	冷やし生カレー
p75	スパイシーヨーグルトサラダ（ライタ）	p127	スパイシーなチャイ

カルダモン

cardamom

「スパイスの女王」とも呼ばれ、魅惑の香りを漂わせる

　原産地のインドを中心に熱帯地方で広く栽培されており、種子をスパイスとして使用している。強く鮮烈な芳香は気持ちを和らげるリラックス剤にもなる。

　高級なスパイスとして知られるカルダモン。大事な客のおもてなしの料理やドリンクで使われていたといわれている。インドでは「スパイスの女王」とも呼ばれ、ギリシャでは香水の原料として重宝されていた。

DATA

【学名】
Elettaria cardamomum

【和名】
小豆蔲（しょうずく）

【別名】
イライチー

【科名】
ショウガ科

【原産地】
インド

【利用部位】
果実

【特徴】
やや刺激のある甘くエキゾチックな強い香りで、苦みもわずかにある。

【効果】
健胃・整腸作用、リラックス効果、口臭予防やデトックス効果が期待できる。ビタミンB_1・B_2、ナイアシン、カルシウム、リンを豊富に含む。

【用途】
北欧、インド、中東で多用され、パンやお菓子、ドリンクといったものの香りづけでの使用が多い。

✿ 甘みを持つ料理との相性が抜群！

料理に華やかさと高級感を与えてくれるスパイス。 クミンやコリアンダーといった香りのスパイスと同じ役割ではあるが、 香りの影響力が大きいため、 使用量はクミン、 コリアンダーの半分以下が望ましい。

料理にとって必須ではないが、 入れると入れないでは香りの広がり方が格段に違ってくる。 また、 お菓子やドリンクにも相性がよく、 特に甘みを持つ料理にひとつまみ加えるだけで心安らぐ風味を導く。

✿ 安らぐ香りでリラックス

心を癒すスパイスといえばこれ。 幸せを感じるセロトニンという脳のホルモン分泌の促進につながり、 気持ちを安定させたりポジティブにさせたりする効果も期待できる。 なんとなく気分が乗らない、 そんなときにはカルダモン入りのカフェオレ （p127） で気分転換をするのがおすすめ。

✿ おすすめ活用法

卵焼きにひとつまみ混ぜると品のよい甘さがプラス。 香りが強いので料理はひとつまみから、 カレーには1人前小さじ1/3から使用するのが好ましい。 例外としてカルダモンの香りを立たせる料理のときは、 レシピにある分量の1.5倍の量を入れるとより華やかさが強調される。

おすすめの掛け合わせスパイスは**ターメリック**。 甘い香りのカルダモンと相反して、 苦みを持つ香りのターメリックがほどよくギャップを生んでスパイシーな香りを作り上げる。 →香るフレンチチーズトースト （p56）

本書でカルダモンを使ったレシピ

p38 カルダモンのかにかまサラダ	p72 パンチェッタペペロンチーノ
p39 カルダモンオムレツ	p76 焼かないミートローフ
p41 ソース（下段）	p80 白菜と手羽先肉のクリーム煮
p42 ドレッシング（中段）	p87 マーマレードポーク
p46 チキンステーキトマトソースがけ	p90 フォカッチャ
p48 卵のピクルス	p92 簡単本格バターチキンカレー
p53 コンビーフのパテ	p96 豚の粗びき肉とひじきのカレー
p56 香るフレンチチーズトースト	p102 レモンクリームカレー
p57 スパイス香るまるごとトマトライス	p106 和風ポークビンダルー
p58 まるごとたいめし	p108 トマトキーマカレー
p62 さつまいもの甘煮	p110 ゴロゴロ野菜カレー
p65 大根ステーキ赤ワインソース添え	p112 和風シーフードカレー
p66 キャベツ焼き	p114 ココナッツドライビーフカレー
p67 和風ロールキャベツのスープ	p118 さばみそドライキーマ
p67 キャベツと厚揚げのピリ辛チーズグラタン	p120 冷やし生カレー
p68 カルダモン香るキャロットラペ	p123 ブラウニー
p68 リッチな香りのグラッセ	p124 焼かないなめらかチーズケーキ
p69 にんじんのミルフィーユ蒸し	p125 はちみつ生キャラメル
p70 骨つきタンドリー風チキン	p127 カルダモン香るカフェオレ

食材で使い分ける スパイスのBESTセレクト

食材ごとにマッチするスパイスをピックアップ。
料理や食材の状態によってさまざまなスパイスの楽しみ方があるが、
その中でもおすすめしたい食材×スパイスの組み合わせを紹介。

 〈 肉類 〉

鶏肉
コリアンダー

クセの少ない肉質の鶏肉には、やさしくさわやかな香りの**コリアンダー**がよく合う。煮込みやそのまま加熱せずに使うドレッシングなど、幅広い調理に使える。

豚肉
クミン

特有の臭みを持つ豚肉には、それを消臭してよい風味を感じさせてくれる**クミン**がおすすめ。特に豚肉の脂分はクミンを合わせることで清涼感が生まれ、口当たりが軽やかになる。

牛肉
カルダモン

鉄分が多い赤身肉の牛肉には肉自体に匂いの強さがあるので、華やかな香りの**カルダモン**を合わせることで肉がマイルドになり、高級感のある料理に仕上がる。

〈 魚介類 〉

魚
クミン

クミンが生ぐささを緩和して心地よい風味を与えてくれる。下味をつけるときには塩と一緒にすり込んでから調理するのがおすすめ。

貝
ターメリック

貝の独特の香りは根茎の香りを持つ**ターメリック**と合わせると緩和できる。また殺菌作用もあるので有効活用したい。

えび、いか類
チリペッパー

まろやかな出汁が出るため、**チリペッパー**のキリッとした辛さが合う。味が引き締まり、爽快感のある味わいになる。

〈 🧅 野菜類 〉

緑黄色野菜

クミン

野菜の中でも深い味わいを持つ緑黄色野菜。 印象の強い香りを持つ**クミン**が味わいをより深くしてくれる。

淡色野菜

ターメリック

文字通り野菜そのものの色素も薄く、 苦みが少ないので、 それを補うために**ターメリック**を使うと、 苦みと鮮やかな黄色で食欲をかき立てられる。

いも類

チリペッパー

糖質が多く甘みを感じるいも類には、 辛さが際立つ**チリペッパー**を組み合わせるのがおすすめ。 素材の味を引き立て、 奥行きのある味わいになる。

きのこ

クミン

きのこ自体がそれぞれの香りを持っているが、 きのこの香りは**クミン**の香りとは性質が違うため、 素材の味をより引き立ててくれる。

〈 🥚 卵・加工食品 〉

卵

カルダモン

ふんわりした香りの卵に、 **カルダモン**を添えることで高級感のあるやさしい味わいになる。 卵の風味を損なわせないよう少量にすること。

乳製品

カルダモン

甘みのある乳製品に**カルダモン**を組み合わせることで妙味なおいしさが演出されたエキゾチックな料理に仕上がる。

練り物

コリアンダー

魚の加工食品には塩分のあるものが多く、 そのままでもおいしく食べられるが、 芳香性のある**コリアンダー**を合わせるだけで家庭の味がワンランクアップする。

本書でよく使う万能調味料

GGペースト

にんにく（ガーリック）としょうが（ジンジャー）のペースト。カレーは
もちろん、どんな料理にも使えるので作り置きしておくのがおすす
め。保存期間は冷凍では約1週間。

🏠 **材料**

にんにく —— 100g
しょうが —— 100g　水 —— 50㎖

🏠 **作り方**

1 しょうがを5mm幅くらいにスライスし、
すべてをミキサーでかくはんする。

焙煎クミン

クミン（粒）をそのまま加熱することでより香
ばしくなり、料理が一気に華やかになる。

🏠 **焙煎のしかた**

　フライパンにクミンを入れて弱火で加熱
し、少し煙が出て香りがしてきたら、フラ
イパンをゆすりながらクミンに均等に火が
入るようにする。一旦手を止めて、また煙
が立って香ばしさが出てから30秒くらいが
香りを引き出す「ゴールデンタイム」。

　このゴールデンタイムの間に火からおろ
し、クミンを冷まして保存するか、そのまま
調理に使えば香ばしさがしっかり料理に移
る。

本書での玉ねぎ調理のしかたについて

2パターンの切り方

2cm

薄切り 1.5mm × 2cm

縦半分に切ってから芯を取る。繊維を断ち切るように3等分にすると長さが約2cmになるので、そこから繊維に沿って1.5mm幅に切る。

粗みじん切り 7mm × 7mm

半分に切り、芯から1.5cm手前まで繊維に沿って7mm幅に包丁を入れる。さらに包丁を横にして7mm幅に包丁を入れ、繊維を断ち切るように7mm幅に切ると粗みじん切りができる。

※みじん切りは5mm×5mm

3段階の炒め度合い

　おいしいスパイスレシピの成功を握る要素のひとつが玉ねぎの炒め方。本書では3段階の炒め方を紹介。具材としての食感を残す"しんなり"、甘みを引き出す"きつね色"、さらに炒めて濃厚な味わいを出す"飴色（炒め揚げ）"。料理に適した炒め方をすることで、おいしさが格段に変化する。

炒め方と炒め具合

　まず、玉ねぎに油を絡めてから、鍋またはフライパンで中火で5分ほど炒める。この時点で"しんなり"。

　さらに玉ねぎを広げ、弱火〜中火で2分ほど放置する。このときに玉ねぎに触らないのがポイント。ガスコンロなら外側から、IHクッキングヒーターなら内側から火が入り、色がついてくる。カットした玉ねぎの3割くらいの面積に色がついてきたら、ひっくり返して玉ねぎのムラをなじませる。この時点で"きつね色"。

　さらに全体が同じようにこんがり揚げたような状態になるまで、玉ねぎになるべく触らないように炒めていくと、"飴色（炒め揚げ）"に。

　濃い茶色になるまで弱火でじっくり炒める、というのは欧風カレーのときにはよいが、スパイスカレーには向いていない。

しんなり

きつね色

飴色（炒め揚げ）

本書の使い方

- こしょうは味をととのえるために使用しているため、メインのスパイスとしては
  使用していません。
- 小さじ1は5mℓ、大さじ1は15mℓ、1合は180mℓです。
- ひとつまみは1g（親指、人差し指、中指でつまむ量）、
  少々は0.3g程度（親指と人差し指でつまむ量）とします。
- 電子レンジは600Wを使用しています。
- 電子レンジ調理の場合は大変熱くなることがあります。やけどには注意しましょう。
- 材料に味を染み込ませるための置き時間は、冷蔵庫で保存します。
- ポリ袋は電子レンジでの加熱や、湯せんをしても問題ない耐熱のものを使用しています。
- 使用するフライパンや鍋の大きさ、素材によって調理時間が変わる場合があります。
- 卵はMサイズ（約50g）を使用しています。
- 玉ねぎ1/4個は50gとします。
- 米は日本米を使用しています。
- みそは赤みそを使用しています。
- しょうゆは濃口しょうゆを使用しています。
- めんつゆは3倍濃縮タイプを使用しています。
- グレイビーはスパイスカレーの基本。肉を煮たり焼いたりするときに出る汁を含んでいて
  カレールウのような役割をしています。
- 玉ねぎの炒め度合いは、しんなり、きつね色、飴色（炒め揚げ）の
  3段階に使い分けます。
- 材料の基本分量は2人分です。
- カレーの1人分の量は150〜200gとして材料の分量を掲載します。

Chapter

1

〰〰〰

スパイス1つで
楽しむレシピ

スパイス1種類だけを使ったレシピを紹介します。
料理全体の味わいの中に感じる
スパイスそれぞれの個性を楽しみましょう。

 クミン（パウダー） × 野菜

マッシュポテト

なめらかな舌触りで、 スパイスのほのかな香りを楽しめる。

材料

じゃがいも —— 200g
牛乳 —— 大さじ2
塩 —— 小さじ1/3
クミン（パウダー） —— 小さじ1/2
ラディッシュ —— 1株（好みで）

ヘラの先端に力を入れてつぶ
すと、 じゃがいもがよりなめら
かになる。

下準備

じゃがいもは皮をむいて1cm幅に切る。

作り方

1 じゃがいもを耐熱ポリ袋に入れて電子レンジ
で3分加熱する。 袋の上からヘラなどで押
しつけるようにつぶす（袋が熱くなるためや
けどには要注意）。

2 *1*をボウルに移し、 牛乳、 クミン、 塩を加
えてヘラで練るように混ぜる。 器に盛りつ
け、 クミン（材料外）を散らし、 好みでラ
ディッシュを添える。

クミンドレッシングのカルパッチョ

生魚のくさみがとれて、さっぱりした味わいに仕上がる。

材料

サーモンやひらめの刺身
　（切り身）—— 100g

A
オリーブオイル —— 大さじ2
しょうゆ —— 大さじ2
酢 —— 大さじ1
砂糖 —— 小さじ1
クミン（パウダー）
　—— 小さじ1

イタリアンパセリ —— 適量（好みで）

作り方

1 ボウルにAの材料を入れて泡立て器でかくはんし、白っぽく、とろりとするくらいまでよく混ぜ合わせる。

2 刺身を器に盛りつけ、1をまわしかけ、好みでイタリアンパセリを添える。

Advice

ドレッシングは時間が経つと分離するので、食べる直前に混ぜ合わせるのがおすすめ。

×

クミン（パウダー）野菜

焦がしバターのきのこソテー

こんがりしたバターの風味がクミンと相性抜群！

 材料

えのきたけ、 しめじ、
　　エリンギなど —— 150g
にんにく —— 1片
バター —— 10g
ナンプラー —— 大さじ1
砂糖 —— 小さじ1
クミン（パウダー） —— 小さじ1
パセリ —— 適量（好みで）

 下準備

えのきたけ、 しめじは食べやすい大きさにほぐ
し、 エリンギは長さを半分にし、 薄切りにする。
にんにくはつぶす。

作り方

1　フライパンにバターとにんにくを熱し、 バ
　ターがほんのり茶色く焦げて、 香りが出たら
　クミンときのこを加えて炒める。

2　きのこがこんがりしたらナンプラーと砂糖を
　加えてさっと炒める。 器に盛りつけ、 好み
　でパセリを散らす。

Advice

仕上げにクミン（材料外）をひとふ
りすると、 さらに香りがアップする。

Monko tips

バターと相性のよいクミン。 バターで炒めるだけでも
十分に香りを楽しむことができますが、
少し焦がすことによってさらに香ばしさが加わり、
料理に深みが出ます。

クミン（粒） × 魚介

クミンのふりかけ

干しえびとクミンを一緒に煎ることで香ばしい仕上がりに。

 材料（作りやすい分量）

干しえび —— 10g

A
| 塩昆布 —— 20g
| しょうゆ —— 小さじ1
| オリーブオイル
| —— 大さじ1/2

クミン（粒） —— 大さじ1

 下準備

塩昆布はみじん切りにする。

作り方

1　フライパンで干しえびとクミンを焙煎し、香りが出たらボウルに移す。

2　1にAの材料を混ぜ合わせ、30分以上置いて味をなじませる。

クミン（粒） × 野菜

無限キャベツ

もやしや大根など、いろいろな野菜にも応用できるレシピ。

 材料

キャベツ —— 200g

A
|おろしにんにく
|　—— 小さじ1/4
|塩 —— 小さじ1/4
|ごま油 —— 大さじ2
|レモン汁 —— 大さじ1/2

クミン（粒） —— 大さじ1/2

 下準備

キャベツは千切りにする。

作り方

1　フライパンでクミンを焙煎し、香りが出たらボウルに移し、Aの材料を混ぜ合わせる。

2　1にキャベツを入れて和える。

たまり漬け

はちみつの甘みとスパイスの風味がなじんだ逸品。

 材料

きゅうり —— 1本
大根 —— 100g
ポン酢しょうゆ —— 60㎖
はちみつ —— 大さじ1
クミン (粒) —— 小さじ1

 下準備

きゅうりは1cm幅の輪切り、 大根は1cm角の棒状に切る。

作り方

1 鍋でクミンを焙煎し、 香りが出たらきゅうり、 大根、 ポン酢しょうゆ、 はちみつの順に加え、 沸騰したら、 すぐに火を止める。

2 粗熱が取れたらポリ袋に入れ、 冷蔵庫で30分以上味をなじませる。

Advice

● 材料を一度加熱することで味がなじみやすくなる。
● 調味液の飛び跳ねを防止するため、野菜から入れる。

Monko tips

ポン酢しょうゆなら
調味料を合わせることが不要なので
簡単においしい浸け汁を作ることができます。

コリアンダーのチキンソテー

ジューシーで深みのあるエスニック風のステーキ。

 材料

鶏もも肉 —— 1枚（250g）

A | ナンプラー —— 大さじ1
おろしにんにく —— 小さじ1
コリアンダー —— 小さじ1

サラダ油 —— 小さじ1

水 —— 大さじ1

香菜 —— 適量（好みで）

ナンプラーがない場合はめん
つゆでも代用可。

 下準備

鶏肉はひとくち大に切る。

 作り方

1 ポリ袋に鶏肉、Aを入れてよくもみ、30分
以上冷蔵庫で味をなじませ、冷蔵庫から取
り出して常温に戻しておく。

2 フライパンにサラダ油をひき、鶏肉の皮目
を下にして中火で焼く。

3 皮目がこんがりしてきたら返し、水を入れて蓋
をする。弱火で7分焼き、蓋を外して水分を
飛ばす。器に盛りつけ、好みで香菜を添える。

鶏ささみの梅肉和え

淡白なささみ肉が、練り梅とスパイスでよりさっぱりした味わいに。

 材料

鶏ささみ肉 ── 2本（100g）

A
｜みょうが ── 1個
｜練り梅 ── 大さじ1
｜みりん ── 大さじ1/2
｜コリアンダー ── 小さじ1/2

香菜 ── 適量（好みで）

 下準備

みょうがは縦半分に切ってから斜め切りにする。

作り方

1 鶏肉をゆでて食べやすい大きさにさく。

2 ボウルにAを入れて混ぜ、1を加えて和える。器に盛りつけ、好みで香菜を添える。

 Advice

練り梅はしそ梅がおすすめ。ない場合は梅干し2個（中）を刻んでもOK！

ターメリック × 魚

ほたてのターメリックバター焼き

ターメリックとバターでほたての旨みに風味とアクセントがついた逸品。

材料

ほたて貝（生）—— 4個
バター —— 10g
めんつゆ —— 大さじ1
レモン汁 —— 小さじ1
ターメリック —— 小さじ1/4
カットレモン —— 適量（好みで）

作り方

1. フライパンにバターを溶かして中火でほたてを焼き、めんつゆとターメリックを加えてさっと火を通す。

2. ほたてにこんがりと焼き色がついたらレモン汁を加える。器に盛りつけ、好みでカットレモンを添える。

Advice

ベビーほたて貝を使う際は
8個分が目安。

ターメリックソースのヨーグルトサラダ

シンプルな食材に万能ソースを合わせてリッチなひと皿に！

 材料

かぼちゃ —— 50g

モッツァレラチーズ —— 50g

サラダ油 —— 小さじ1

A
ヨーグルト（プレーン）—— 50g
マヨネーズ —— 大さじ1
塩 —— 小さじ1/4
ターメリック —— 小さじ1/4

 下準備

かぼちゃとモッツァレラチーズは5mm厚さに切る。

 作り方

1 ボウルにAを入れてよく混ぜる。

2 フライパンにサラダ油をひき、かぼちゃを両面焼く。

3 かぼちゃとモッツァレラチーズを交互になるように重ねて盛りつけ、*1*のソースをかける。

● ターメリックを加熱せずに使う場合は油分のある調味料と合わせると粉が溶けやすい。

● さつまいもやにんじんといった根菜をかぼちゃの代用にしてもOK。

33

ターメリック × 肉

トマトとターメリックのコンソメスープ

スープに香ばしさと風味が溶け込んだ深みのある味わい。

 材料

鶏手羽元肉 —— 4本
にんにくスライス —— 4枚
トマト —— 1/2個
豆苗 —— 40g
コンソメスープ —— 400ml
塩、こしょう —— 各適量
サラダ油 —— 小さじ1
塩 —— 小さじ1/2
ターメリック —— 小さじ1/3

 下準備

トマトは6等分に切る。

 作り方

1 鶏肉にフォークで穴を開け、塩、こしょうで下味をつける。

2 鍋にサラダ油とにんにくを熱し、香りが出たら中火で鶏肉を表面がこんがりするくらいまで焼きつける。

3 2にコンソメスープとターメリック、塩を加えて10分煮込む。トマトと豆苗を加えて沸騰させ、さらに1分加熱する。

Advice

鶏肉を焼きつけることで香ばしさが残り、スープに深みが出る。

Monko tips

トマトは煮すぎず、素材感を残して食感に
メリハリをつけることがおいしく仕上げるポイントです。

辛みそレタスサラダ

上品な香りの旨辛だれがシャキシャキレタスにベストマッチ！

材料

レタス —— 150g
削り節 —— 2g

A
みそ —— 大さじ1
ごま油 —— 大さじ1
水 —— 大さじ1
はちみつ —— 大さじ1/2
チリペッパー —— ひとつまみ

下準備

レタスは好みの大きさにちぎり、器に盛る。

作り方

1　ボウルにAを入れてよく混ぜる。

2　1をレタスにかけ、削り節を散らす。

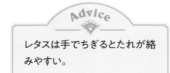

Advice

レタスは手でちぎるとたれが絡みやすい。

チリペッパー × 肉

鶏もも肉のトマトライス

鶏もも肉を丸ごと炊き込んだ旨みたっぷりのひと皿。

 材料

鶏もも肉 —— 1枚（250g）
GGペースト —— 小さじ1
塩、こしょう —— 各ひとつまみ
A | 米 —— 2合
| トマトペースト —— 大さじ1
| バター —— 10g
| 水 —— 400㎖
| 塩 —— 小さじ1
チリペッパー —— ひとつまみ

作り方

1 鶏肉にGGペースト、塩、こしょうをマリネして30分ほど置いて味をなじませる。

2 Aを炊飯器に入れてよく混ぜ、1をのせて白米モードで炊く。

3 炊き上がったら鶏肉を取り出し、食べやすい大きさに切ってからごはんに混ぜる。

Advice
トマトペーストは固まりやすいのでしっかり溶かしてから炊くこと。

カルダモンのかにかまサラダ

マイルドな味わいはディップにしてもグッド！

材料

かに風味かまぼこ —— 8本
アボカド —— 1/2個
マヨネーズ —— 大さじ2
A｜砂糖 —— ひとつまみ
　｜**カルダモン** —— 小さじ1/2
香菜 —— 適量（好みで）

 下準備

かに風味かまぼことアボカドは1.5cm幅に切る。

 作り方

1　ボウルにAを入れてよく混ぜる。

2　1にかに風味かまぼことアボカドを加えて和える。器に盛りつけ、好みで香菜を添えてカルダモン（材料外）を散らす。

> **Advice**
> 砂糖を入れると酸味が和らぎ、
> カルダモンの香りが引き立つ。

カルダモンオムレツ

定番オムレツにアクセントを加えて食が進むおかずに！

 材料

卵 —— 3個
ほうれん草 —— 30g
牛乳 —— 大さじ2
塩 —— ひとつまみ
バター —— 10g
カルダモン —— 小さじ1/3

材 作り方

1 鍋に湯を沸かし、塩ひとつまみ（材料外）を入れ、ほうれん草を30秒くらいさっとゆでる。水にさらしてからざく切りにする。

2 ボウルに卵を割り入れてほぐし、塩、牛乳、カルダモン、*1* を加えて混ぜる。

3 フライパンにバターを溶かして卵液を流し入れ、形をととのえる。

Advice

ほうれん草は食感が残るようにゆでる。

39

  **たれ**

みりん ── 大さじ1

みそ ── 大さじ1

チリペッパー ── ひとつまみ

キャベツやレタスなどの葉物野菜や
しゃぶしゃぶのようなあっさりした料理に。

蒸し鶏のようなあっさりした料理や、
ねぎや大葉といった香味野菜とも相性がよい。

練り梅 ── 大さじ1

砂糖 ── 小さじ1

クミン（パウダー） ── 小さじ1/3

めんつゆ ── 大さじ2

砂糖 ── 小さじ1

コリアンダー ── 小さじ1/2

焼肉やハンバーグなどの
加熱した肉料理におすすめ。

 # ソース

サンドイッチ、オムライスなどの卵料理や
フライに添えるのがおすすめ。

トマトケチャップ ── 大さじ2
クミン（パウダー） ── 小さじ1/2

マヨネーズ ── 大さじ2
みそ ── 小さじ1
ターメリック ── ひとつまみ

温野菜、蒸しいもなどの温かい野菜料理に。
特に根菜によく合う。

パン、ホットケーキなどの小麦粉を使用した
料理や、カレー、ステーキソースに
奥行きを出すために加えても。

バター ── 大さじ2
カルダモン ── 小さじ1/3

※電子レンジで20秒加熱してから混ぜる。

ドレッシング

ごま油 —— 大さじ2

ポン酢しょうゆ —— 大さじ2

クミン（パウダー） —— 小さじ1/2

ゆで野菜、生野菜が入った
料理に添えるのがおすすめ。

オリーブオイル —— 大さじ2

刻みトマト —— 大さじ3

塩 —— 小さじ1/3

カルダモン —— 小さじ1/3

ポークソテーに添えたり、
バゲットにのせたりしてオードブルにも。

サラダ油 —— 大さじ3

酢 —— 大さじ2

塩 —— 小さじ1/3

コリアンダー —— 小さじ1/2

グレープフルーツやキウイなどの
酸味のある果物を使った
フルーツサラダにぴったり。

2

スパイス組み合わせ
レシピ

スパイスを2種類以上使ったレシピを紹介します。
食材の旨みを引き出すスパイスの組み合わせで
いつもの家庭料理がよりおいしくなります。

 クミン（粒） × チリペッパー

甘辛田楽はんぺん

焼いて塗るだけ。みそ×スパイスでやみつきに！

材料

はんぺん ——— 1枚
サラダ油 ——— 小さじ1

A
| みそ ——— 大さじ1
| みりん ——— 小さじ1
| 砂糖 ——— 大さじ1/2
| **チリペッパー** ——— ひとつまみ

クミン（粒） ——— 大さじ1/2

Advice

赤みそがベターだが、お好み
で白みそや八丁みそにしてもお
いしい。

下準備

はんぺんは4等分の三角形に切る。

作り方

1 フライパンでクミンを焙煎し、香りが出たら
取り出す。そこにサラダ油をひいて中火ではん
ぺんを両面焼く。

2 ボウルに焙煎したクミンとAを入れてよく混
ぜ、はんぺんの片面に塗る。

旨辛チーズの焼きトマト

まるでオーブンで焼いたような香ばしさと甘みが引き立つレンチンレシピ。

 材料

トマト —— 2個
サラダ油 —— 小さじ1
塩 —— ひとつまみ

A
溶けるチーズ —— 60g
オリーブオイル —— 大さじ1
クミン（パウダー） —— 小さじ1
チリペッパー —— ひとつまみ

スペアミント —— 適量（好みで）

Advice

トマトを焼いて甘みを出す。

 下準備

トマトはヘタを取って横半分に切る。

 作り方

1　トマトの表面に塩をふり、 フライパンにサラダ油をひいて焼き目がつくように焼きつける（中に火が通っていなくてもよい）。

2　ボウルにAを混ぜ合わせ、 トマトの表面に山になるように盛りつけ、 電子レンジで2分加熱する。 好みでスペアミントを添える。

クミン(パウダー) × コリアンダー × チリペッパー × カルダモン

46

チキンステーキ
トマトソースがけ

基本のスパイスを融合させ、複雑妙味な本格的ディッシュに！

 チキンステーキの材料

鶏もも肉 —— 250g
サラダ油 —— 小さじ1

A
| GGペースト —— 小さじ1
| 塩、こしょう —— 各適量
| **クミン（パウダー）**
| —— 小さじ1/2

 トマトソースの材料

トマト缶（カット）—— 150g
にんにくスライス —— 4枚
オリーブオイル —— 大さじ1

B
| みりん —— 大さじ1
| しょうゆ —— 小さじ1
| **コリアンダー** —— 小さじ1
| **カルダモン** —— 小さじ1/3
| **チリペッパー** —— ひとつまみ
イタリアンパセリ —— 適量（好みで）

 チキンステーキの作り方

1 Aを混ぜ合わせて鶏肉をマリネし、フライパンにサラダ油をひいて中火で両面を焼く。

 トマトソースの作り方

1 鶏肉を焼いたフライパンににんにくとオリーブオイルを熱し、香りが出たらトマトとBを加え、中火でとろみがつくまで煮詰める。

2 鶏肉を器に盛りつけ、*1*をかけ、好みでイタリアンパセリを添える。

Advice

ホールトマトを使う場合はつぶしてから調理するとよい。

Monko tips

このレシピの材料を合わせて調理すればカレーになりますが、
ステーキとソースに分けることでまったく違う料理に大変身します。

 ターメリック × カルダモン

卵のピクルス

カレーと相性抜群！ ほんのり甘酸っぱい、 とろける半熟卵。

 材料

卵 —— 4個

A
| しょうがスライス —— 2枚
| 酢 —— 80㎖
| 水 —— 80㎖
| 砂糖 —— 大さじ2
| 塩 —— 小さじ1/2
| **ターメリック** —— 小さじ1/2
| **カルダモン** —— 小さじ1/3

タイム —— 適量 （好みで）

 下準備

卵は冷蔵庫から出して常温にしておく。 沸騰したお湯 （材料外） に卵を入れて7分加熱し、 冷水にとって殻をむいておく。

 作り方

1　Aを鍋に入れて沸かし、 沸騰したら火を止めて粗熱を取る。 ゆで卵とともにポリ袋に入れて漬ける （半日〜1日が食べごろ）。 好みでタイムを添える。

 Advice

● 卵は2、 3日で食べきるようにしたい。
● スパイスは液体に溶けずに沈んでしまうため、 時々ポリ袋の中で動かすとムラなく着色できる。

スパイシー山かけ

栄養満点の山かけにスパイスを加えれば、ごはんもお酒も進む！

 材料

大和いも（長いもでも可）
　　——150g
オリーブオイル —— 大さじ1
めんつゆ —— 大さじ1
塩 —— ひとつまみ
クミン（粒） —— 小さじ1
ターメリック —— 小さじ1/3
小ねぎ —— 適量（好みで）

 下準備

大和いもをすりおろし、ボウルに入れる。

 作り方

1 フライパンでオリーブオイルとクミンを熱し、香りが出たらターメリックを加えてさっと火を通し、大和いもと合わせる。

2 めんつゆ、塩を加えてよく混ぜる。好みで小ねぎを散らす。

Advice

● ごはんにかけて食べてもおいしい。
● 香菜やみょうがなどの香味野菜を散らしてもよい。

クミン（粒）　×　ターメリック　×　チリペッパー

梅干しのアチャール

刺激的でクセになる、梅干しの辛いオイル漬け。

 材料

梅干し —— 大8個
サラダ油 —— 80㎖
レモン汁 —— 大さじ1
塩 —— 小さじ1/3
GGペースト —— 大さじ1
クミン（粒） —— 小さじ1
ターメリック —— 小さじ1/3
チリペッパー —— 小さじ1

作り方

1 鍋にサラダ油とクミンを入れて弱火でゆっくり火を通し、香りが出てきたらGGペーストとレモン汁、塩、梅干しを加える（飛び跳ねに注意）。

2 中火で梅干しの皮がこんがりするくらい揚げ焼きにし、火を止めてからターメリックとチリペッパーを加えて余熱で加熱する。

Advice

ターメリックとチリペッパーは焦げやすいので、火を止めて油が熱いうちに入れるとよい。

Monko tips

スパイスの香りがついたアチャールの油は
調味料になるので、カレーに入れたり、
ほかの料理に添えたりと応用できます。

クミン（粒） × チリペッパー

東北中華風ピリ辛豚バラ肉炒め
トンペイ

食材にスパイシーな香りが移ったボリューム満点メニュー。

 材料

豚バラ肉（薄切り）—— 120g
長ねぎ —— 1/2本
にんにく —— 1片
ごま油 —— 大さじ1
A {
オイスターソース —— 大さじ1
しょうゆ —— 大さじ1
砂糖 —— 小さじ1
チリペッパー —— 小さじ1/4
}
クミン（粒） —— 小さじ1
香菜 —— 適量（お好みで）

準備

豚肉はひとくち大に切る。長ねぎは1cm幅の斜め切りにする。にんにくはスライスする。

作り方

1 フライパンでごま油とクミン、にんにくを熱し、香りが出たら豚肉を加えて中火で炒める。

2 長ねぎを加えてさらに炒めたら、Aを加えてさっとからめるように炒める。器に盛りつけ、好みで香菜を添え、チリペッパー（材料外）を散らす。

コンビーフのパテ

コンビーフにスパイスを効かせると、リッチなオードブルに大変身！

材料

コンビーフ —— 1缶（100g）

カシューナッツ（無塩）—— 10g

GGペースト —— 小さじ1

オリーブオイル —— 大さじ1

A
| しょうゆ —— 小さじ1
| みりん —— 小さじ1
| **コリアンダー** —— 小さじ1
| **カルダモン** —— 小さじ1/2

作り方

1 フライパンでカシューナッツを乾煎りし、こんがり焼き目がついたら取り出して刻む。

2 フライパンにオリーブオイルをひいて中火でGGペースト、コンビーフの順で加えて炒め、油がなじんできたらAを加えてさらに炒める。

● カシューナッツはアーモンドやくるみで代用してもOK。

● バゲットの代わりにごはんにのせてもおいしい。

クミン（粒）　×　クミン（パウダー）

ダブルクミンのポテトサラダ

フライパンで作る、風味と食感が豊かなサラダ。

 材料

じゃがいも —— 150g
厚切りベーコン —— 50g
グリーンアスパラガス —— 1本
バター —— 10g
塩、こしょう —— 各適量
A
┌ マヨネーズ —— 大さじ1
│ 酢 —— 小さじ1
│ **クミン（パウダー）**
└ —— 小さじ1
クミン（粒） —— 小さじ1/2

 下準備

じゃがいもは皮をむいて1cm幅に切る。ベーコンは棒状に、アスパラは5mm幅の斜め切りにする。

作り方

1 じゃがいもは耐熱ポリ袋に入れて電子レンジで2分加熱したのち、袋の上からヘラなどで押して粗くつぶす（やけどに注意）。

2 フライパンにバターを溶かして中火でクミン（粒）とベーコンを炒め、塩、こしょうをふる。香りが出たらアスパラを加えてさっと炒め、火を止めてから粗熱を取る。

3 *2*のフライパンに*1*のじゃがいもとAを加えてよく混ぜ合わせる。器に盛りつけ、好みでクミン（パウダー／材料外）をふる。

Advice

クミンのダブル使いで香ばしさと華やかさを演出！

Monko tips

フライパンで炒めながら混ぜ合わせて作るので、
洗い物を少なくできるメリットもあります。

ターメリック × カルダモン

香るフレンチチーズトースト

朝食にもおやつにも！ 隠し味の粉チーズでコクのある味わいに。

材料

フランスパン —— 4切

バター —— 10g

はちみつ —— 大さじ1

A
| 卵 —— 1個
| 牛乳 —— 100㎖
| 砂糖 —— 大さじ1
| 粉チーズ —— 大さじ2
| **ターメリック** —— 小さじ1/3
| **カルダモン** —— 小さじ1/3

スペアミント —— 適量（好みで）

作り方

1 ボウルにAを混ぜ合わせる。

2 パンを1に浸して充分に浸み込ませる。

3 熱したフライパンにバターをひいて2を中火で両面焼き、 焦げ目がついたら盛りつける。 はちみつをかけ、 好みでスペアミントを添える。

パンを浸して一晩置くと、 より味が浸み込んでしっとりとした食感になる。

 ターメリック × カルダモン

スパイス香るまるごとトマトライス

トマトをほぐして混ぜれば、食欲をそそる香りのハーモニーが生まれる。

材料

米 —— 2合
トマト —— 1個
フライドオニオン —— 大さじ2
ブイヨンスープ —— 400㎖
塩 —— 小さじ1
オリーブオイル —— 大さじ1
ターメリック —— 小さじ1/2
カルダモン —— 小さじ1/3

下準備

トマトはヘタを取る。米は洗う。

作り方

1 トマト以外の材料を炊飯器に入れて混ぜ、最後にトマトを中心に置いてから白米モードで炊飯する。

Advice

ミニトマト8個でも代用できる。

まるごとたいめし

浅鍋を使って時短で作れる、 ごちそう炊き込みごはん。

 材料

米 —— 2合
小だい
　　—— 1尾（内臓を取ったもの）
水 —— 下準備参照
サラダ油 —— 小さじ1
塩 —— 小さじ1
クミン（粒） —— 小さじ1
カルダモン —— 小さじ1/3
しょうがスライス —— 2枚
小ねぎ —— 適量（好みで）

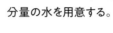 下準備

たいは洗ってキッチンペーパーで拭く。 しょうがは千切りにする。 米は洗ったあとかさを量り、 同じ分量の水を用意する。

 作り方

1 鍋に米と水を入れる。

2 フライパンでクミンとサラダ油を熱し、 香りが出たら火を止めて*1*の鍋に入れ、 しょうが、 カルダモン、 塩を入れて混ぜる。

3 たいを鍋に入れて強火にかけ、 沸騰したら蓋をして弱火にし、 10分加熱する。 火を止めて5分蒸らす。 好みで千切りにしたしょうが（材料外）や小ねぎを散らす。

Advice

たいを入れずに炊いたごはんは、
エスニックなおかずのお供に最適。

Monko tips

・炊飯器よりも早く、 たった15分で炊きたてのごはんができあがる、 時短で豪快なレシピです！
・たいの骨を取り除いてから身をほぐして混ぜると、
安心して食べることができます。

手羽元の照り焼き

骨のエキスが溶け込んだ、とろりとしたコリアンダーのたれが決め手。

材料

鶏手羽元肉 —— 4本

A {
しょうゆ —— 大さじ2
みりん —— 大さじ2
しょうがスライス —— 2枚
砂糖 —— 小さじ1
コリアンダー —— 小さじ1
チリペッパー —— 小さじ1/3
}

ごま油 —— 小さじ1
水 —— 大さじ2
ベビーリーフ —— 適量（好みで）

作り方

1 Aをポリ袋に入れ、そのたれに鶏肉を入れてよくもみ込み、冷蔵庫で30分くらい味をなじませる。

2 熱したフライパンにごま油をひき、*1*から鶏肉を取り出して中火で焼く。表面が全体的にこんがりしたら*1*の調味液と水を入れて蓋をし、15分蒸し焼きにする。

3 蓋を開けて水分を飛ばし、たれがとろりとするまで煮詰める。

4 器に鶏肉を盛りつけ、コリアンダー、チリペッパー（ともに材料外）を散らし、好みでベビーリーフを添える。

Advice

冷蔵庫でひと晩味をなじませると、
より凝縮した味わいになる。

Monko tips

鶏手羽元肉は火が通りにくいので
しっかりと加熱しましょう。

ターメリック × カルダモン

さつまいもの甘煮

冷やしてもおいしい、甘みと酸味が融合した常備おかず。

 材料

さつまいも —— 200g
レモン輪切り —— 1枚
しょうがスライス —— 2枚
水 —— 200mℓ
砂糖 —— 大さじ2
塩 —— 小さじ1/3
ターメリック —— 小さじ1/3
カルダモン —— 小さじ1/2

 下準備

さつまいもは1cm幅の輪切りにする。レモンはいちょう切りにする。

 作り方

1 鍋にすべての材料を入れて加熱し、さつまいもがやわらかくなるまで中火で約10分煮る。

Advice

ターメリックと同じ根茎のしょうがが、ターメリックの土くささを和らげる。

Monko tips

シンプルな材料でもスパイスの効果で
素材を活かした味わいになります。

大根

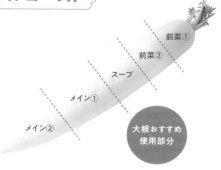

前菜①
前菜②
スープ
メイン①
メイン②

大根おすすめ
使用部分

大根を1本消費するレシピを紹介！
葉の近くは甘みがあり、 先端に向か
うほど辛くなる。 消化促進効果のあ
る大根とスパイスのダブル作用で胃
腸を整えるのに重宝する。

前菜① 冷菜

クミン（粒）

大根の
みぞれサラダ

🍳 作り方

1 クミン （粒／小さじ1/2） は焙煎して粗熱
を取る。

2 大根 （200g） をすりおろして水気を切り、
塩 （小さじ1/3）、 レモン汁 （小さじ1）、
大根の葉 （刻む／大さじ2） を合わせる。

 ×

クミン（粒）　　チリペッパー

前菜② 温菜

大根の和風温サラダ

🍳 下準備
大根 （150g） は5mm厚さのいちょう切りにする。

🍳 作り方

1 大根は耐熱ポリ袋に入れて電子レンジで2分加
熱する （やけどに注意）。

2 1の袋にオリーブオイル （大さじ1/2）、 削り節
（2g）、 塩 （小さじ1/4）、 クミン （パウダー／
小さじ1/2）、 チリペッパー （ひとつまみ） を入
れ、 よくなじませる。

スープ
たっぷり 大根のスープ

クミン（粒） × コリアンダー

⚙ 下準備

大根（150g）は1cmのさいの目切りにし、ベーコン（2枚）は細切り、にんにく（1片）は薄切りにする。

⚙ 作り方

1. 鍋にサラダ油（大さじ1）、ナンプラー（大さじ1）、にんにく、クミン（粒／小さじ1）を入れて熱し、香りが出たらベーコンを中火でこんがりするくらいに炒め、続けて大根を炒める。

2. 鶏ガラスープ（300㎖）とコリアンダー（大さじ1/2）、塩（小さじ1/3）を加えて沸騰したら5分煮込み、塩、こしょう（各適量）で味をととのえる。好みで三つ葉（適量）を添える。

チリペッパー × カルダモン

メイン①
大根ステーキ 赤ワインソース添え

⚙ 下準備

大根（300g）は4等分に切る。

⚙ 作り方（4個分）

1. 耐熱皿に大根を並べ、ラップをして電子レンジで2分30秒加熱する。

2. フライパンにバター（10g）を熱し、大根をこんがり色づくように両面焼いて盛りつける。

3. そのままのフライパンにオリーブオイル（大さじ1）、赤ワイン（大さじ2）、しょうゆ（大さじ2）、砂糖（大さじ1/2）、カルダモン（小さじ1/3）、チリペッパー（ひとつまみ）を入れ、とろりとソース状に煮詰めて大根に添える。

メイン②
チーズ大根もち

クミン（パウダー） × ターメリック

⚙ 作り方（2個分）

1. 大根（400g）はすりおろし、しっかり水気を切る。

2. ボウルに1と片栗粉（30g）、粉チーズ（大さじ2）、塩（小さじ1/3）、クミン（パウダー／小さじ1）、ターメリック（小さじ1/3）を混ぜ合わせ、半分に分けてそれぞれ7cmくらいの円形に成形する。

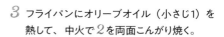

3. フライパンにオリーブオイル（小さじ1）を熱して、中火で2を両面こんがり焼く。

キャベツ

キャベツをまるごと1個消費できるレシピ。
本書では冬キャベツを使用しているが、
やわらかい春キャベツでも楽しめる。

※春キャベツを使用する場合は2個用意するとよい。

前菜① 冷菜

ザワークラウト

コリアンダー × ターメリック

🌀 下準備

キャベツ（200g）としょうが（スライス4枚）は千
切りにする。

🌀 作り方

1 耐熱ポリ袋にキャベツ、 しょうが、 塩（小さ
じ1）、 酢（大さじ2）、 砂糖（大さじ1）、
コリアンダー（小さじ1）、 ターメリック（ひ
とつまみ）を混ぜ合わせ、 もみ込んでから電
子レンジで1分加熱する。

2 粗熱を取ってから冷蔵庫で冷やす。

前菜② 温菜

キャベツ焼き

 ×

クミン（粒） カルダモン

🌀 下準備

キャベツの葉（100g）は千
切りにする。

🌀 作り方

1 ボウルに薄力粉（大さじ2）、 水（大さじ1）、 塩
（小さじ1/3）、 おろしにんにく（小さじ1）、 カル
ダモン（小さじ1/3）を入れ、 卵（1個）を割り
入れて混ぜ合わせる。 そこにキャベツの葉を入れ
てよく混ぜる。

2 フライパンにごま油（大さじ1）とクミン（粒／小
さじ1）を入れて熱し、 香りが出たら1を流し入れ
て平らにし、 両面こんがり焼く。

スープ
和風ロールキャベツ
のスープ

ターメリック × カルダモン

⚙ 下準備

にんにく（1片）はつぶす。

⚙ 作り方

1 キャベツの葉（4枚）を耐熱ポリ袋に入れて電子レンジで3分加熱し、粗熱が取れたらウインナー（4本）を巻いてつまようじで止める。

2 鍋に1とにんにく、みりん（大さじ2）、和風だし汁（500㎖）、塩（小さじ1/2）、ターメリック（小さじ1/3）、カルダモン（小さじ1/3）を入れ、沸騰したら中火で10分煮込む。器に盛りつけ、好みでクレソン（適量）を添える。

メイン①

クミン（パウダー）チリペッパー

キャベツと
豚バラ肉のはさみ蒸し

⚙ 作り方

1 ボウルにGGペースト（大さじ1）、塩（小さじ1/2）、クミン（パウダー／大さじ1/2）、チリペッパー（ひとつまみ）を混ぜ合わせ、豚バラ肉（200g）を入れてもみ込む。

2 芯がついたままのキャベツ（1/4個）の葉の間に1を挟んでミルフィーユ状にする。耐熱皿にのせてラップをし、電子レンジで7分加熱する。食べるときにポン酢しょうゆ（適量）をかける。

メイン②

キャベツと厚揚げの
ピリ辛チーズグラタン

コリアンダー × チリペッパー × カルダモン

⚙ 下準備

キャベツの葉（200g）と厚揚げ（150g）はひとくち大に切る。

⚙ 作り方

1 ボウルに溶けるチーズ（50g）、マヨネーズ（大さじ2）、牛乳（大さじ2）、塩（小さじ1/2）、コリアンダー（小さじ1）、カルダモン（小さじ1/3）を入れて混ぜる。

2 フライパンにバター（10g）を熱してキャベツの葉と厚揚げを炒め、粗熱が取れたら、耐熱皿にキャベツの葉と厚揚げが交互に重なるように盛りつける。

3 2に1を流し入れ、上から粉チーズ（適量）を散らして電子レンジで4分加熱する。仕上げにチリペッパー（ひとつまみ）をふる。

にんじん

甘みのある食材なのでカルダモンが合う。にんじんそのものに香りがあり、スパイスの組み合わせによってさまざまな風味を生み出せる。

前菜① 冷菜

カルダモン香るキャロットラペ

カルダモン

⊛ 下準備

にんじん（100g）は千切り、レーズン（大さじ1）は粗切りにする。

⊛ 作り方

1 にんじん、レーズン、オレンジジュース（100%果汁／50mℓ）、酢（大さじ1）、砂糖（大さじ1）、塩（小さじ1/2）、カルダモン（小さじ1/3）をポリ袋に入れてよくもみ込み、冷蔵庫で30分以上冷やす。器に盛りつけ、好みでチャービル（適量）を添える。

前菜① 温菜  クミン（粒）× カルダモン

リッチな香りのグラッセ

⊛ 下準備

にんじん（100g）は1cm幅に切って、角を丸く削ぎ落とす。

⊛ 作り方

1 鍋にバター（10g）とクミン（粒／小さじ1/2）を入れて加熱し、香りが出たらにんじん、水（150mℓ）、砂糖（小さじ1）、カルダモン（小さじ1/3）を入れて水分がなくなるまで中火で煮詰める。

スープ

にんじんのみそクリームスープ

クミン（粒） × コリアンダー

🏵 下準備

にんじん（100g）は棒状に切り、エリンギ（30g）は薄切りにする。

🏵 作り方

1 鍋にオリーブオイル（小さじ1）とクミン（粒／小さじ1/2）を熱し、香りが出たらにんじんとエリンギを加え、中火で炒める。

2 みそ（大さじ1）、塩（ひとつまみ）、コリアンダー（小さじ1）、ブイヨンスープ（200mℓ）を加えて沸騰したら10分煮込み、牛乳（100mℓ）を加えて沸騰直前で火を止める。器に盛りつけ、好みでパセリ（適量）を添える。

メイン①

にんじんの
ミルフィーユ蒸し

ターメリック × カルダモン

🏵 下準備

にんじん（200g）はピーラーで皮をむくように薄くスライスする。

🏵 作り方（9cm × 13cm ×高さ5cm の容器分）

1 ボウルに卵（2個）を割り入れ、ブイヨンスープ（50mℓ）、塩（小さじ1/2）、カルダモン（小さじ1/3）とよく混ぜる。

2 フライパンにバター（10g）とターメリック（小さじ1/3）を熱し、中火でにんじんをさっと炒める。

3 耐熱容器に2を重ねるように並べ、1を流し入れてラップをし、電子レンジで約4分加熱する。好みでクレソン（適量）を添える。

メイン②

クミン（パウダー） × コリアンダー × ターメリック

にんじんの和風ポトフ

🏵 下準備

にんじん（100g）は4等分、玉ねぎ（1/2個）は縦半分に切り、にんにく（1片）はつぶす。

🏵 作り方

1 にんじん、玉ねぎ、にんにく、つみれ（4個）、しょうゆ（小さじ1）、和風だし汁（400mℓ）、塩（小さじ1/2）、クミン（パウダー／小さじ1）、コリアンダー（小さじ1）、ターメリック（小さじ1/3）を鍋に入れて軽く混ぜ、沸騰したら弱火にし、蓋をして20分煮込む。好みで白髪ねぎ（適量）を添える。

クミン（パウダー） × コリアンダー × カルダモン

骨つきタンドリー風チキン

3つのスパイスを使った、フライパンで作れる定番のインド料理。

材料

鶏もも骨つき肉 —— 1本（250g）

A
| ヨーグルト（プレーン）
| —— 大さじ1
| トマトケチャップ —— 大さじ1
| GGペースト —— 小さじ1
| 塩 —— 小さじ1/3
| **クミン（パウダー）** —— 小さじ1/2
| **コリアンダー** —— 小さじ1/2
| **カルダモン** —— 小さじ1/3

水 —— 大さじ2

サラダ油 —— 小さじ1

きゅうり、ロメインレタス、
　赤・黄パプリカ、カットレモン
　—— 各適量（好みで）

作り方

1 ポリ袋にAの材料を入れ、鶏肉を加えてもみ込むように混ぜ、冷蔵庫で半日～1日味をなじませる。

2 熱したフライパンにサラダ油をひいて1の中火で両面をこんがり焼き、水を入れて蓋をしてから15分蒸し焼きにし、蓋を開けて水分を飛ばす。器に盛りつけ、好みできゅうり、ロメインレタス、赤・黄パプリカ、カットレモンを添える。

Advice

● 骨つき肉は中心部分まで火が通りにくいのでしっかり加熱する。
● タンドリー料理の赤い色はパプリカというスパイス。ここではトマトケチャップで代用している。

クミン（粒） × ターメリック × チリペッパー

カリフラワーのサブジ（野菜の蒸し焼き）

インドでは日常的に作られる副菜。 めんつゆで親しみのある味わいに。

 材料

カリフラワー —— 150g
玉ねぎ —— 1/4個
GGペースト —— 小さじ1
塩 —— 小さじ1/3
水 —— 大さじ2
めんつゆ —— 大さじ1
サラダ油 —— 大さじ2
クミン（粒） —— 小さじ1/2
ターメリック —— 小さじ1/3
チリペッパー —— ひとつまみ

下準備

カリフラワーはひとくち大に切り分け、 玉ねぎは薄切りにする。

作り方

1 フライパンにサラダ油とクミンを熱し、 香りが出てきたら玉ねぎをきつね色になるまで炒める。

2 GGペースト、 塩、 ターメリック、 チリペッパーを加えて炒め、 カリフラワーと水、 めんつゆを入れる。 蓋をして5分蒸し焼きにしたのち、 蓋を開けて水分を飛ばす。

Advice

しっかり炒めた玉ねぎがグレイビーのようにカリフラワーにとろりと絡まると、 甘みを感じられる味になる。

パンチェッタペペロンチーノ

熟成した肉の旨みがスパイスの香りとともにじわっと広がる！

 パンチェッタの材料
（作りやすい分量）

豚バラ肉（かたまり）—— 400g
塩 —— 大さじ1

A | **クミン（パウダー）**—— 小さじ1
 | **コリアンダー** —— 小さじ1
 | **カルダモン** —— 小さじ1/2

 ペペロンチーノの材料
（1人分）

スパゲッティ —— 70g
パンチェッタ —— 50g
にんにく —— 1片
オリーブオイル —— 大さじ1
塩 —— 適量
チリペッパー —— ひとつまみ
タイム —— 適量（好みで）
コリアンダー
　—— 適量（好みで）

 パンチェッタの作り方

1 豚肉に塩をすり込んだのち、Aをすり込む。キッチンペーパーで二重にくるんでから空気をなるべく入れないようにラップを巻き、冷蔵庫で一晩置く。3日間毎日キッチンペーパーを取り替え、5日～1週間寝かせる（できれば1週間）。

 ペペロンチーノの作り方

1 パンチェッタを2cm幅に切る。スパゲッティはゆでる。

2 フライパンにつぶしたにんにくとオリーブオイルを熱し、香りが出たらパンチェッタを中火でこんがり炒める。ゆでたスパゲッティを加えて絡め、チリペッパーを加えて塩で味をととのえる。器に盛りつけ、好みでタイムを添えてコリアンダーを散らす。

Monko tips

パンチェッタとは、イタリア料理で
使う豚バラ肉の生漬けです。
ここでは家庭で
作りやすいレシピを紹介しました。
なお、パンチェッタは
ベーコンでも代用できます。

Advice

● パンチェッタは、作りたては水分が出やすく、キッチンペーパーが湿ったままだと腐敗につながるので、キッチンペーパーをこまめに取り替えるようにする。
● パンチェッタをスープ、炒め物など、いろいろな料理に応用してもOK。

クミン（粒） コリアンダー チリペッパー

和風チリコンカン

アメリカ料理を日本の食材で親しみやすい味わいにアレンジ。

 材料

大豆（水煮）—— 200g
豚ひき肉 —— 100g
玉ねぎ —— 1/4個
おろしにんにく —— 小さじ1
トマトケチャップ —— 大さじ3
しょうゆ —— 大さじ1
中濃ソース —— 大さじ1
砂糖 —— 大さじ1
サラダ油 —— 大さじ1
クミン（粒）—— 小さじ1/2
コリアンダー —— 小さじ1
チリペッパー —— 小さじ1/3
大葉 —— 適量（好みで）

 下準備

玉ねぎは粗みじん切りにする。

作り方

1 フライパンにサラダ油とクミンを熱し、香り
  が出たら玉ねぎを中火で飴色になるまで炒
  める。

2 にんにくを加えて炒め、さらに豚肉を加え、
  ポロポロの状態になるまでしっかりと火を
  通す。

3 残りの材料をすべて加えて弱火で10分くら
  い煮込む。好みで器に大葉を敷いて盛りつ
  ける。

クミン（粒） × チリペッパー

スパイシーヨーグルトサラダ（ライタ）

インドでよく食べられているヨーグルトのサラダ。 カレーのお供にも最適。

材料

ヨーグルト（プレーン）—— 150g
トマト —— 1/4個
紫玉ねぎ —— 30g
きゅうり —— 1/2本
塩 —— 小さじ1/4
サラダ油 —— 大さじ1
クミン（粒） —— 小さじ1/2
チリペッパー —— ひとつまみ

下準備

トマト、 きゅうりは1cm角に切る。 玉ねぎは粗みじん切りにする。

作り方

1 ボウルにヨーグルト、 トマト、 玉ねぎ、 きゅうり、 塩を入れて合わせる。

2 フライパンにサラダ油をひき、 クミンを熱して香りが出てきたら火を止め、 *1* に混ぜ合わせる。

3 器に盛りつけてチリペッパーを散らす。

Monko tips

ライタはインド料理の炊き込みごはんのビリヤニに添えられている
ソース状のサラダ。 そのままでもおいしいですが、
料理と混ぜながら食べると、 さわやかな味わいに変化します。

焼かないミートローフ

クミンのプチプチ食感がリズミカル！
ソースなしでも旨みがたっぷり。

 材料
（9cm×13cm×高さ5cmの容器分）

豚ひき肉 —— 300g
うずらの卵（水煮）—— 8個
いんげん —— 3本
玉ねぎ —— 1/4個
卵 —— 1個
みそ —— 大さじ1
GGペースト —— 小さじ1
サラダ油 —— 小さじ1
クミン（粒） —— 小さじ1/2
クミン（パウダー） —— 小さじ1
カルダモン —— 小さじ1/3
マヨネーズソース（p41中段）
　　—— 適量（好みで）
チリペッパー
　　—— 適量（好みで）

 下準備

玉ねぎはみじん切りにする。

 作り方

1 フライパンにサラダ油をひいてクミン（粒）を熱し、玉ねぎを加えて中火でしんなりするまで炒めて香りを出す。GGペーストを加えてさらに炒め、火を止めて粗熱を取る。

2 ボウルに*1*、豚肉、卵、みそ、クミン（パウダー）、カルダモンを入れ、なめらかになるまで練るようによく混ぜ合わせる。

3 耐熱容器に*2*の半量を入れてうずらの卵といんげんをバランスよく置き、残りのひき肉を詰める（ひき肉で蓋をするように）。ラップをして電子レンジで5分くらい加熱する。器に盛りつけ、好みでマヨネーズを添えてチリペッパーを散らす。

 Advice

● 容器に入れたあとに底を台にたたくと空気が抜け、隙間なくぎゅっと詰め込まれたきれいな断面になる。
● 容器から肉汁があふれる場合があるので、受け皿を敷くとよい。
● 均等に火が入るように、電子レンジにかける際は、たまに位置をずらしてムラなく仕上げる（回転テーブルタイプはずらす必要はない）。

クミン（パウダー）　コリアンダー　ターメリック

いわしのマサラ焼き

インド風焼き魚。 スパイスの香りでいつもの焼き魚がグレードアップ！

材料

いわし（下処理済み）—— 4尾
ヨーグルト（プレーン）
　　—— 大さじ2
GGペースト —— 大さじ1
サラダ油 —— 大さじ1
クミン（パウダー） —— 小さじ1
コリアンダー —— 小さじ1
ターメリック —— 小さじ1/3
チリペッパー —— ひとつまみ
輪切りレモン
　　—— 4枚（好みで）

作り方

1　ボウルにヨーグルト、 GGペースト、 クミン、 コリアンダー、 ターメリックを入れて混ぜ合わせ、 いわしにすり込むようにマリネし、 冷蔵庫で30分～1時間味をなじませる。

2　フライパンにサラダ油をひき、 中火でいわしの両面を焼く。 器に盛り、 チリペッパーをふり、 好みでレモンを添える。

焦げやすいので、 油は多めに使うこと。

クミン（粒）　クミン（パウダー）　コリアンダー

揚げないツナのカトレット

スリランカ料理のコロッケをノンフライで！クミンのプチプチ食感と香りが心地よい。

材料

ツナ缶 —— 1缶（100g）
じゃがいも —— 200g
玉ねぎ —— 1/4個
パン粉 —— 20g
サラダ油 —— 大さじ1
塩 —— 小さじ1/3
トマトソース（p41上段）—— 適量
クミン（粒） —— 小さじ1
クミン（パウダー） —— 小さじ1/2
コリアンダー —— 小さじ1/2
クレソン —— 適量（好みで）

下準備

じゃがいもは皮をむき、1cm厚さに切る。玉ねぎはみじん切りにする。

作り方

1 フライパンでパン粉をきつね色になるくらいまで焼いて取り出す。

2 じゃがいもを耐熱ポリ袋に入れて電子レンジで3分加熱し、ヘラなどで粗くつぶしてボウルに移す（やけどに注意）。

3 フライパンにサラダ油をひき、クミン（粒）を熱して香りが出たら玉ねぎ、ツナ、クミン（パウダー）、コリアンダー、塩を加えてさっと炒め、2のボウルに入れる。

4 材料をよく混ぜ合わせ、ゴルフボールの大きさに丸め、1を均等にまぶす。トマトソースをつけていただく。好みでクレソンを添える。

コリアンダー × カルダモン

白菜と手羽先肉のクリーム煮

カルダモンの香りが漂う、旨みたっぷりのマイルドなスープ。

 材料

鶏手羽先肉 —— 4本
白菜 —— 150g
にんにく —— 1片
牛乳 —— 100mℓ
ブイヨンスープ —— 100mℓ
白ワイン —— 大さじ1
オリーブオイル —— 小さじ1
塩 —— 小さじ1/3
塩、こしょう —— 各適量
コリアンダー —— 小さじ1
カルダモン —— 小さじ1/2

 下準備

鶏肉は塩、こしょうで下味をつける。白菜はざく切りにする。にんにくはつぶす。

 作り方

1 フライパンにオリーブオイルをひき、にんにくを熱して鶏肉をこんがり焼きつける。

2 白ワインを加えて中火でさっと炒めたらブイヨン、コリアンダー、カルダモン、塩を加え、蓋をして10分煮込む。

3 2に牛乳と白菜を加えて弱火で3分くらい、白菜に火が通るまで煮る。

牛乳は沸騰させると分離する場合があるので注意すること。

Monko tips

コリアンダーとカルダモンを組み合わせると、
上品でほのかなスパイシーさが口の中に残ります。

クミン（粒） × コリアンダー × チリペッパー

さばのカチュンバル

さば缶で作るインド風のスパイシーサラダ。

 材料

さば缶（水煮）—— 1缶（150g）
きゅうり —— 1/2本
紫玉ねぎ —— 30g
しょうがスライス —— 3枚
レモン汁 —— 小さじ1
サラダ油 —— 大さじ1
塩 —— 小さじ1/3
クミン（粒） —— 小さじ1/2
コリアンダー —— 小さじ1/2
チリペッパー —— ひとつまみ

下準備

さばはひとくち大にほぐし、骨を取り除く。きゅうり
と玉ねぎは薄切りにする。しょうがは千切りにする。

作り方

1 ボウルにクミンとサラダ油以外の材料を入れ
て混ぜ合わせる。

2 フライパンにサラダ油をひいてクミンを熱し、
香りが出てきたら*1*に加えて混ぜ合わせる。

時間が経つと水っぽくなるので、で
きるだけ食べる直前に作るのがコツ。

 クミン（粒）　×　ターメリック　×　チリペッパー

高菜の和風アチャール

作り置きにも最適なインド風のお漬け物のアレンジレシピ。

 材料（作りやすい分量）

高菜漬け —— 100g
おろしにんにく —— 小さじ1
サラダ油 —— 大さじ2
しょうゆ —— 小さじ1
クミン（粒）—— 小さじ1
ターメリック —— 小さじ1/3
チリペッパー —— 小さじ1/3

作り方

1 フライパンにサラダ油をひいてクミンを熱し、香りが出たらにんにく、ターメリック、チリペッパーを加えて炒める。

2 高菜漬けとしょうゆを加えて中火で全体に火を通す。

Monko tips

高菜漬けは市販のものを使用します。
すでに調味されているので、アレンジを少し加える
だけで一気にインド風のおかずになります。

 Advice

アチャールとはインド料理でいうお
漬け物で、日本の福神漬けのよう
な存在。本来はたくさんの油や辛
みを使うが、おかずになるように
刺激を控えたレシピにしている。

クミン(パウダー) × コリアンダー × ターメリック

チキン 65（インド風から揚げ）

スパイシーでジューシーなインドのから揚げ。

 材料

A	鶏もも肉 —— 300g
	ヨーグルト（プレーン） —— 大さじ2
	GGペースト —— 小さじ1
	塩 —— 小さじ1/3

薄力粉 —— 大さじ1
片栗粉 —— 大さじ1
揚げ油 —— 適量

B	**クミン（パウダー）** —— 小さじ1/2
	コリアンダー —— 小さじ1
	ターメリック —— 小さじ1/3

カットレモン —— 適量（好みで）
ベビーリーフ —— 適量（好みで）

 下準備

鶏肉はひとくち大に切る。

 作り方

1 AとBをポリ袋に入れてよくもみ込み、冷蔵庫で1時間〜半日浸け込む。

2 薄力粉と片栗粉を合わせてから*1*にまぶし、170℃の揚げ油で火が通るまで揚げる。器に盛りつけ、好みでカットレモンとベビーリーフを添える。

Advice

スパイスが入ると焦げやすくなるので、時折転がしながら揚げる。箸でつまみ上げて油がはねる感触があれば火が通ったサイン。

Monko tips

インドでは鶏のから揚げはチキン65といわれています。「65」の由来は、1965年に生まれたレシピだからとか、65種類のスパイスを使っているからだとか、さまざまな説があります。

ピリ辛エスニック鶏そぼろ

ごはんのお供にはもちろん、冷奴やサラダに合わせてもグッド!

材料

鶏ひき肉 —— 150g
GGペースト —— 小さじ1
ごま油 —— 大さじ1/2
A
オイスターソース
—— 大さじ1
ナンプラー —— 小さじ1
砂糖 —— 小さじ1
クミン(粒) —— 小さじ1
コリアンダー —— 小さじ1
チリペッパー —— 小さじ1/3
香菜 —— 適量(好みで)

作り方

1 フライパンにごま油をひいてクミンを熱し、GGペーストと鶏肉、コリアンダー、チリペッパーを加え、ひき肉がかたまらないように混ぜながら炒める。

2 Aを入れ、中火で水分を飛ばすように炒める。好みで香菜を添える。

Monko tips

調理時間はたったの5分で、
作り置きにも最適です。

マーマレードポーク

カルダモンの香り高いソースが、濃厚な味の肉料理をさっぱりさせる！

材料

豚スペアリブ肉 —— 4本（400g）
にんにく —— 1片
マーマレード —— 大さじ2
しょうゆ —— 大さじ2
水 —— 200㎖
サラダ油 —— 小さじ1
塩、こしょう —— 各適量
クミン（粒） —— 小さじ1/2
カルダモン —— 小さじ1
ベビーリーフ —— 適量（好みで）

下準備

豚肉に塩、こしょうで下味をつける。にんにくはつぶす。

作り方

1 フライパンにサラダ油をひき、中火で豚肉を全体に焦げ目がつくように焼きつける。

2 カルダモン、マーマレードを加えて混ぜ合わせ、にんにく、しょうゆ、水、クミンを入れ、蓋をして弱火～中火で20分煮込む。その後蓋を開けて、ソースを煮詰めるように水分を飛ばす。器に盛りつけ、好みでベビーリーフを添える。

Advice
マーマレードを使うことで酸味が加わり、カルダモンの香りが際立つ。

ターメリックで
レモンライス

ターメリック

さわやかなレモンの香りでカレーにぴったり！

材料

米 —— 2合　水 —— 400mℓ
レモン輪切り —— 1枚　レモン汁 —— 大さじ1
塩 —— 小さじ1　バター —— 10g
ターメリック —— 小さじ1/2

下準備

レモンは4等分に切る。

作り方

1 すべての材料を炊飯器に入れてよく混ぜ、白米モードで炊く。

クミンライス

クミン（粒）

食欲増進には、この香りごはんがイチオシ！

材料

米 —— 2合　水 —— 400mℓ
サラダ油 —— 大さじ1　塩 —— 小さじ1
クミン（粒） —— 小さじ1

作り方

1 フライパンにサラダ油とクミンを熱し、香りを出す。すべての材料を炊飯器に入れてよく混ぜ、白米モードで炊く。

ナン

ふわふわ・もちもちのナン！　ほんのり甘いのが特徴。

 材料（1枚分）

強力粉 —— 80g
薄力粉 —— 120g
ぬるま湯（40℃くらい）
　　—— 100～120ml
サラダ油 ——大さじ1
ベーキングパウダー ——小さじ1
砂糖 ——大さじ1
塩 ——小さじ1/2

 下準備

強力粉、薄力粉はふるっておく。

 作り方

1 ボウルにすべての材料を入れて手で混ぜ、手とボウルに生地がつかなくなり、生地の表面がなめらかになるまで練る。

2 生地を伸ばし、フライパンに油をひかずに中火で両面を3分ずつ焼く。

Advice

ナンの形にする方法
円形に伸ばした生地をグーの形にした右手にのせ、中央部分を左手で引っ張って伸ばす。そのままフライパンに置いて形を整える。

フォカッチャ

フライパンで香り高く焼く、発酵いらずのふっくらパン。

クミン(粒) × カルダモン

材料（1個分）

薄力粉 —— 150g
ベーキングパウダー —— 小さじ1
粉チーズ —— 大さじ2
ウインナー —— 2本
ぬるま湯（40℃くらい）—— 50㎖
オリーブオイル —— 大さじ1
塩 —— 小さじ1/3
クミン(粒) —— 小さじ1/2
カルダモン —— 小さじ1/3

下準備

ウインナーは輪切りにする。
薄力粉はふるっておく。

作り方

1 フライパンでクミンを焙煎し、香りが出たら取り出しておく。

2 ボウルに薄力粉、ベーキングパウダー、粉チーズ、塩、カルダモン、*1*を入れて混ぜる。ぬるま湯を加えて円を描くように手で混ぜながら生地をまとめ、ウインナーを練り込むように混ぜる。

3 生地を1cm厚さの円形に伸ばし、フライパンにオリーブオイルをひき、中火で3分焼いたら返してもう片面も焼き、蓋をして中火で5分焼く。

Advice

生地が厚すぎたり火が弱すぎたりすると生焼けになってしまうので注意。

3

レパートリー満載！スパイスカレーレシピ

本格的なインドカレーから進化型のスパイス活用カレーまで、
多彩なスパイスカレーのレシピを紹介します。
スパイスの分量を調整すれば自分好みの
香り・色・辛さに仕上がります。

コリアンダー × ターメリック × カルダモン

92

簡単本格バターチキンカレー

タンドリー風チキンを入れて
深いコクとまろやかな本場の味に!

 辛さ

 材料

タンドリー風チキン（p70 参照）
—— 100g
トマトピューレ —— 200g
牛乳 —— 100mℓ
バター —— 30g
生クリーム —— 大さじ3
はちみつ —— 大さじ2
GGペースト —— 小さじ1
塩 —— 小さじ1/2
コリアンダー —— 大さじ1/2
ターメリック —— 小さじ1/3
カルダモン —— 小さじ1/2
カシューナッツ —— 適量（好みで）

作り方

1 タンドリー風チキンはひとくち大に切る。

2 フライパンにバターを溶かし、中火でGG
ペーストとスパイス3種を加熱する。

3 焦げないうちに*1*のチキンと残りの材料をす
べて入れて混ぜながら沸騰させ、その後中
火で5分煮込む。好みでカシューナッツを散
らす。

Advice

● ナンはもちろん、パンに合わせて食
べてもおいしい。
● トマトピューレは濃縮タイプを使うと酸
味がやわらかく、味の失敗なく作れる。

Monko tips

スパイスで焼いたタンドリー風チキンを入れることで、
チキンの旨みやスパイスがソースに溶け込んで、
より本格的な仕上がりになります。

クミン（パウダー） × コリアンダー × ターメリック × チリペッパー

94

春菊とチーズのカレー

香りと食感を楽しむ春菊が主役のカレー。
ごはんでもハードパンでも◎。

 辛さ

 材料

春菊 —— 100g
玉ねぎ —— 1/2個
モッツァレラチーズ —— 100g
ブイヨンスープ —— 100㎖
GGペースト —— 大さじ1
生クリーム —— 大さじ2

トマトピューレ —— 200g
ヨーグルト（プレーン）
　　—— 大さじ2
オリーブオイル —— 大さじ2
塩 —— 小さじ1/2
クミン（パウダー）
A　　—— 小さじ1/2
コリアンダー —— 大さじ1
チリペッパー
　　—— ひとつまみ
ターメリック —— 小さじ1/3
しょうが千切り
　　—— 適量（好みで）

下準備

玉ねぎは粗みじん切りにする。 モッツァレラチーズはひとくち大に切る。

作り方

1 春菊はさっとゆでて刻む。

2 フライパンにオリーブオイルをひき、 中火で玉ねぎを飴色になるまで炒め、 GGペーストを加えて水分を飛ばす。

3 Aを加え、 弱火で10分加熱する。

4 生クリームとブイヨンスープ、 春菊を加え、沸騰したらモッツァレラチーズをのせる。 器に盛りつけ、 好みでしょうが千切りと生クリーム（材料外）を添える。

Advice

モッツァレラチーズは溶けすぎないように、 仕上げる直前に入れる。

Monko tips

・さわやかな香りのオリーブオイルやチーズを使うと、
イタリアンな雰囲気のカレーに仕上がります。
・チリペッパーをひとつまみ加えると、
ピリ辛な大人の味になります。

豚の粗びき肉とひじきのカレー

ひじきを使用したヘルシーなキーマカレー。
体にもうれしい家庭料理にぴったりな簡単レシピ。

辛さ

 材料

豚粗びき肉 ── 150g
ひじき（ドライパック）── 60g
玉ねぎ ── 1/2個
GGペースト ── 大さじ1
しょうゆ ── 小さじ1
サラダ油 ── 大さじ2
クミン（粒） ── 小さじ1

A {
　トマト缶（カット）── 200g
　ヨーグルト ── 大さじ2
　塩 ── 小さじ1/2
　クミン（パウダー）
　　── 大さじ1/2
　コリアンダー ── 大さじ1/2
　ターメリック ── 小さじ1/3
　カルダモン ── 小さじ1/3
　チリペッパー ── 小さじ1/3
}

大葉 ── 適量（好みで）

 下準備

玉ねぎは粗みじん切りにする。

 作り方

1 フライパンにサラダ油をひき、クミン（粒）を熱して香りが出てきたら、玉ねぎを加えて中火で飴色になるまで炒め、GGペーストを加えて水分を飛ばす。

2 Aを入れて混ぜながら中火で10分煮込む。

3 豚肉、ひじき、しょうゆを加えて中火で水分を飛ばすようにさらに10分煮込む。器に盛りつけ、好みで大葉を散らす。

> **Advice**
> 粗びき肉が手に入らない場合は普通のひき肉でもOK！

Monko tips

乾燥のひじきを使う場合は
戻してから計量しましょう。

クミン（パウダー）　コリアンダー　ターメリック　チリペッパー

スリランカ風フィッシュカレー

フライパンで食べる分だけローストスパイスを。
さば缶活用でスリランカカレーが味わえます！

 辛さ

材料

さば缶（水煮）—— 150g
玉ねぎ —— 1/2個
ココナッツミルク —— 200㎖
トマト缶（カット）
　　　—— 50g
和風だし汁 —— 100㎖
にんにく —— 1片
塩 —— 小さじ1/2
サラダ油 —— 大さじ1
　クミン（パウダー）
　　　—— 小さじ2
A　**コリアンダー** —— 大さじ1
　ターメリック —— 小さじ1/2
　チリペッパー —— ひとつまみ
しょうが千切り
　　　—— 適量（好みで）

下準備

玉ねぎは薄切りにする。 さばは骨を取る。

作り方

1　フライパンにAを入れて弱火にかけ、 木ベ
　ラで混ぜながらゆっくりと加熱する。 スパイ
　ス全体が焦げ茶色になるまで加熱したら取
　り出しておく。

2　フライパンにサラダ油をひき、 玉ねぎ入れ
　て炒め、 玉ねぎがしんなりしてきたら、 トマ
　トを加えてペースト状になるまで炒める。

3　にんにくとココナッツミルク、 1、 塩、 だし
　汁を加え、 蓋をして弱火で10分煮る。

4　さばを加えて中火で5分煮込む。 器に盛り
　つけ、 好みでしょうがを散らす。

Advice

スパイスは火入れが進むと一気に焦
げてしまう場合があるので、 火加減
には注意すること。

Monko tips

1の工程行うローストスパイスは少し煙が出て
香ばしさが出るくらいが目安です。

クミン（粒）　×　ターメリック　×　チリペッパー

バター香る豆カレー

食材の甘みをしっかり残した
少し辛いインド家庭料理の定番。

 辛さ

材料

レンズ豆（乾燥）—— 100g
トマト —— 1/4個
玉ねぎ —— 1/4個
バター —— 20g
GGペースト —— 大さじ1
水 —— 600㎖（蒸発分含む）
塩 —— 小さじ1/2
クミン（粒） —— 小さじ1/2
ターメリック —— 小さじ1/3
チリペッパー —— ひとつまみ

下準備

トマトと玉ねぎは粗みじん切りにする。 レンズ豆
は洗っておく。

作り方

1　鍋にバターとクミンを熱し、 香りが出たら玉
　　ねぎを加え、 中火できつね色になるまで炒
　　め、 GGペーストを加えて水分を飛ばす。

2　トマトとターメリックを加えて炒めたら、 豆、
　　水、 塩、 チリペッパーを入れる。 沸騰したら
　　弱火にし、 ときどき混ぜながら30分煮込む。

Advice

鍋底が焦げやすいので、 底の部
分をしっかり混ぜる。

Monko tips

単品でもおいしく食べられますが、
肉のカレーと合いがけにして食べるのもおすすめです。

クミン(パウダー) × コリアンダー × ターメリック × カルダモン

レモンクリームカレー

こんがり焼きつけたチキンと
ミルキーなソースで風味豊かに。

 辛さ

 材料

鶏もも肉 —— 250g
バター —— 20g
GGペースト —— 小さじ1
A 　牛乳 —— 300mℓ
　　生クリーム —— 50mℓ
　　レモン輪切り —— 1枚
　　砂糖 —— 小さじ1
　　塩 —— 小さじ1/2
塩、こしょう —— 各適量
クミン（パウダー）
　—— 小さじ1/2
コリアンダー —— 大さじ1/2
ターメリック —— 小さじ1/3
カルダモン —— 小さじ1/2
ミント —— 適量（好みで）

下準備

鶏肉はひとくち大より大きめに切る（8等分くらい）。レモンは4等分のいちょう切りにする。

作り方

1 鶏肉をGGペーストとターメリック、塩、こしょうでマリネする。

2 フライパンにバターを溶かし、中火で鶏肉の両面をこんがり焼く（中まで火が通らなくてもよい）。

3 クミン、コリアンダー、カルダモンを加えて炒め、Aを加えて蓋をし、弱火にして10分煮込む。好みでミントを添える。

● ポイントは火加減。バターは焦げやすく、牛乳は分離しやすいので弱火で調理すること。
● 鶏肉はマリネしたら30分くらい味をなじませるとよい。

Monko tips

鶏肉をこんがり焼くことで
旨みが増して食感もよくなります。

クミン（粒）　クミン（パウダー）　コリアンダー　チリペッパー

104

梅干しと鶏手羽中のカレー

梅干しの酸味と玉ねぎの甘みが合わさった、
和風仕立てのひと皿。

辛さ

 材料

鶏手羽中肉 —— 8本
玉ねぎ —— 3/4個
梅干し（中）—— 2個
ヨーグルト（プレーン）—— 50g
GGペースト —— 大さじ1
和風だし汁 —— 300mℓ
サラダ油 —— 大さじ3
塩、こしょう —— 各適量
クミン（粒） —— 小さじ1/2

A {
　しょうゆ —— 小さじ1
　塩 —— 小さじ1/3
　クミン（パウダー）
　—— 小さじ1
　コリアンダー —— 小さじ1
　チリペッパー —— ひとつまみ
}

梅干し（中）—— 2個（好みで）
三つ葉 —— 適量（好みで）

 下準備

鶏肉はヨーグルトと塩、こしょうで下味をつけて
マリネする。玉ねぎは薄切り、梅干しは種を取
り除いてみじん切りにする。

作り方

1 フライパンにサラダ油をひいてクミン（粒）
を熱し、香りが出たら玉ねぎを加え、中火
で飴色になるまで炒める。

2 GGペーストを加えて水分を飛ばしたら、梅
干しとA、鶏肉を入れて中火で加熱する。

3 だし汁を加えて沸騰したら、蓋をして中火
で15分煮込む。器に盛りつけ、好みで梅
干しをのせ、三つ葉を散らす。

Advice

梅干しは練り梅で代用できる。そ
の場合の分量は大さじ1が目安。

Monko tips

梅干しは一般的なしそ梅を使用していますが、はちみつ梅やかつお梅でも
おいしくなります。その場合は塩を加減して味つけを調整をしましょう。

クミン（パウダー） × コリアンダー × ターメリック × チリペッパー × カルダモン

106

和風ポークビンダルー

酸味と辛みが特徴の西インドの名物料理。
めずらしい材料を使わなくても本格的なひと皿に！

 辛さ

 材料

豚バラ肉（かたまり）—— 200g

A
| クミン（パウダー）
| GGペースト —— 大さじ1/2
| 酢 —— 大さじ2
| 塩 —— 小さじ1/4
| **クミン（パウダー）**
| —— 小さじ1/2
| **コリアンダー** —— 小さじ1/2
| **ターメリック** —— 小さじ1/3
| **カルダモン** —— 小さじ1/3

玉ねぎ —— 1/2個
トマト缶（カット）
—— 200g
水 —— 400ml（蒸発分含む）
GGペースト —— 大さじ1
はちみつ —— 大さじ2
しょうゆ —— 小さじ1
塩 —— 小さじ1/2
サラダ油 —— 大さじ3

B
| **クミン（パウダー）**
| —— 小さじ1/2
| **コリアンダー** —— 大さじ1/2
| **ターメリック** —— 小さじ1/3
| **カルダモン** —— 小さじ1/2
| **チリペッパー** —— 小さじ1/3

しょうが千切り
—— 適量（好みで）
小ねぎ —— 適量（好みで）

下準備

豚肉は2cm厚さに切る。 玉ねぎは粗みじん切り
にする。

作り方

1 豚肉を混ぜ合わせたAでマリネし、 1時間以
上なじませる。

2 フライパンにサラダ油をひき、 玉ねぎを加え
て飴色になるまで炒めたら、 GGペーストを
加えて炒め、 トマト、 塩、 Bを加えてペー
スト状になるように中火で10分加熱する。

3 1の肉を加えて、 グレイビーを絡めながら肉に
少し火が入るくらいに中火で加熱する。

4 水、 はちみつ、 しょうゆを加え、 沸騰した
らときどき混ぜながら中火で30分煮込む。
器に盛りつけ、 好みでしょうがと小ねぎを散
らす。

 Advice

豚バラ肉は煮込むとひとまわり縮むので、
大きめに切ってごろりとした食感を残す。

Monko tips

「ポークビンダルー」は西インド・ゴア地方の郷土
料理で酸味と辛味の効いた味つけが特徴。日本
の調味料を使うことで親しみやすい味わいに。

トマトキーマカレー

トマトのトリプル使いで、豊かな味わいに。
さっぱりいただける簡単メニュー。

 辛さ

材料

鶏ひき肉 —— 200g
玉ねぎ —— 1/2個
トマト缶（カット）
　　—— 100g
ミニトマト —— 8個
GGペースト —— 大さじ1
　　—— 大さじ2
しょうゆ —— 小さじ1
オリーブオイル —— 大さじ2

A
| トマトペースト —— 30g
| ヨーグルト（プレーン）
| 塩 —— 小さじ1/2
| **クミン（粒）** —— 小さじ1/2
| **クミン（パウダー）**
| 　　—— 小さじ1
| **コリアンダー** —— 小さじ2
| **チリペッパー** —— 小さじ1/4
| **カルダモン** —— 小さじ1/3

香菜 —— 適量（好みで）
無限キャベツ（p25）
　　—— 適量（好みで）

下準備

玉ねぎは粗みじん切りにする。

作り方

1 フライパンにオリーブオイルをひき、中火で
玉ねぎを飴色になるまで炒め、GGペースト
を加えて水分を飛ばす。

2 Aを加えてしっかり火を通したら、トマトと
鶏肉、しょうゆを加えて混ぜながら10分煮
込む。

3 ミニトマトを加えて再度沸騰させ、1分加熱
する。器に盛りつけ、好みで香菜とキャベ
ツを添える。

Advice

鶏ひき肉はジューシーに仕上がる
もも肉がおすすめ。

Monko tips

トマトペーストは甘み、トマト缶は酸味、
ミニトマトはさわやかな酸味と食感を出す役割をしています。

クミン(パウダー) × コリアンダー × ターメリック × カルダモン

ゴロゴロ野菜カレー

10 種類の野菜をバランスよく食べられる、
食感と香りが豊かなヘルシーディッシュ。

 辛さ

 材料

なす —— 小1本
玉ねぎ —— 1/4個
パプリカ（赤、黄）
　—— 各1/6個
さつまいも —— 30g
かぼちゃ —— 50g
にんじん —— 30g
ピーマン —— 1個
オクラ —— 2本
ブロッコリー —— 30g
トマト缶（カット）—— 50g
GGペースト —— 大さじ1
サラダ油 —— 大さじ2
ココナッツミルク —— 200㎖
ブイヨンスープ —— 100㎖

A
| 塩 —— 小さじ1/2
| **クミン（パウダー）**
| 　—— 小さじ1/2
| **コリアンダー** —— 大さじ1
| **ターメリック** —— 小さじ1/2
| **カルダモン** —— 小さじ1/2

 下準備

なすは輪切りにする。 パプリカ、 さつまいも、
かぼちゃ、 にんじん、 ピーマンはひとくち大に
切る。 オクラは斜め半分に切る。 玉ねぎは薄切
りにする。 ブロッコリーは小房に分ける。

作り方

1　フライパンにサラダ油をひき、 中火で玉ね
　ぎを炒め、 きつね色になったらGGペースト
　を加えて水分を飛ばす。

2　トマトとAを加えて中火でとろりとするまで
　炒めたら、 ココナッツミルクとにんじんを加
　えて5分煮る。

3　ブロッコリー以外の材料を入れて中火で10
　分煮たのち、 ブロッコリーを入れてさらに2
　分煮る。

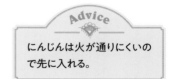

Advice

にんじんは火が通りにくいの
で先に入れる。

Monko tips

季節によって旬の野菜を使ってもOKです。その場合、根菜はにんじんと、
葉ものはブロッコリーと同じ手順で調理しましょう。

クミン(パウダー)　コリアンダー　チリペッパー　カルダモン

112

和風シーフードカレー

魚介の旨みをスパイスの香りで上品に引き立てる。
みそ仕立ての和風グレイビーなひと皿。

辛さ

 材料

えび（大）── 4尾
ほたて貝（生）── 4個
いか（輪切り）── 80g
玉ねぎ ── 1/2個
和風だし汁 ── 200mℓ
牛乳 ── 100mℓ
GGペースト ── 大さじ1
サラダ油 ── 大さじ2

A
├ トマトペースト ── 30g
├ みそ ── 大さじ1
├ 塩 ── 小さじ1/3
├ **クミン（パウダー）**
│　── 小さじ1
├ **コリアンダー** ── 小さじ2
├ **カルダモン** ── 小さじ1
└ **チリペッパー** ── 小さじ1/4
ディル ── 適量（好みで）

下準備

えびは殻をむき、背わたを取る。玉ねぎは薄切
りにする。

作り方

1　フライパンにサラダ油をひき、中火で玉ね
　　ぎを飴色になるまで炒め、GGペーストを加
　　えて水分を飛ばす。

2　Aを加えてなじませたら、えび、ほたて、
　　いかを入れて表面に少し火が入るくらいに
　　加熱する。

3　だし汁と牛乳を加えて沸騰したら、蓋をして
　　中火で10分煮込む。器に盛りつけ、好み
　　でディルを添える。

Advice

同じトマトでも加工の仕方で用途はさ
まざま。トマトペーストはほんのりした
酸味と奥深い甘みがあるので、クリー
ミーなカレーを作るときにはおすすめ。

Monko tips

魚介は煮込みすぎるとかたくなってしまうので注意しましょう。

クミン(パウダー) × コリアンダー × ターメリック × チリペッパー × カルダモン

114

ココナッツドライビーフカレー

グレイビーを煮詰めてペースト状にした、
食材の旨みとスパイスが凝縮した逸品。

 辛さ

材料

牛バラ肉（薄切り）—— 300g

A
├ ヨーグルト（プレーン）
│　　—— 大さじ2
├ GGペースト —— 大さじ1
├ 塩 —— 小さじ1/2
├ **クミン（パウダー）**
│　　—— 小さじ1/2
├ **コリアンダー** —— 小さじ1
├ **ターメリック** —— 小さじ1/3
├ **チリペッパー** —— 小さじ1/3
└ **カルダモン** —— 小さじ1/2

玉ねぎ —— 1/2個

トマト缶（カット）
　　—— 大さじ2

ココナッツミルク —— 50㎖

水 —— 200㎖

サラダ油 —— 大さじ2

紫玉ねぎ —— 適量（好みで）

香菜 —— 適量（好みで）

下準備

牛肉はひとくち大に切る。玉ねぎは薄切りにする。

作り方

1. 牛肉はAの材料でマリネし、冷蔵庫で30分以上置いて味をなじませる。

2. フライパンにサラダ油をひき、中火で玉ねぎを飴色になるまで炒めたらトマトとココナッツミルクを加えて3分加熱する。

3. 1をマリネ液ごと入れて中火で全体を絡めるように加熱する。水を加えて沸騰したら20分煮詰め、水分が飛んでとろりとするまで煮詰める。器に盛りつけ、好みで紫玉ねぎと香菜を散らす。

> ### Advice
> とろりとする前に水分がなくなってしまったら、水を追加して調整する。

 Monko tips

牛肉に絡まるように、玉ねぎがとろけてソース状になるのが理想です。

クミン(パウダー) × コリアンダー × ターメリック × チリペッパー

ポークドピアザ

玉ねぎの2段階調理で
甘みを引き出したインド料理。

 辛さ

 材料

豚肩ロース肉（薄切り）
―― 200g

A
| ヨーグルト ―― 大さじ2
| GGペースト ―― 小さじ1
| 塩 ―― ひとつまみ
| **クミン（パウダー）**
|　　―― 小さじ1/2
| **コリアンダー** ―― 小さじ1/2
| **ターメリック** ―― 小さじ1/3

玉ねぎ ―― 1個
トマト缶（カット）―― 50g
GGペースト ―― 小さじ1
塩 ―― 小さじ1/3
サラダ油 ―― 大さじ2
水 ―― 50mℓ
クミン（パウダー）
　　―― 小さじ1/2
コリアンダー ―― 小さじ1
ターメリック ―― 小さじ1/3
チリペッパー ―― 小さじ1/4

下準備

豚肉はひとくち大に切る。玉ねぎは半分に切り、一方は薄切り、もう一方はくし形に切る。

作り方

1　豚肉はAの材料でマリネしておく。

2　フライパンにサラダ油をひき、中火でくし形に切った玉ねぎを飴色になるまで炒める。GGペーストを加えて水分を飛ばし、トマトと塩、スパイス4種を加える。

3　1をマリネ液ごと加え、水を入れて中火で15分煮る。グレイビーの水分が飛んでペースト状になったら薄切りにした玉ねぎを加え、しんなりするまで加熱する。

Advice

インドの言葉で「ド」とは「2度」や「2回」という意味。「ピアザ」とは玉ねぎを指す。

Monko tips

先に入れる玉ねぎは煮込んで旨みとなり、
後から入れる玉ねぎは食感を与えます。

クミン（粒） ✕ ターメリック ✕ コリアンダー ✕ チリペッパー ✕ カルダモン

さばみそドライキーマ

さば缶を使って簡単、時短、失敗なし！
みそとスパイスでコクをプラス。

辛さ

材料

さば缶（水煮）—— 1缶（150g）
長ねぎ —— 1/2本
GGペースト —— 大さじ1
サラダ油 —— 大さじ1

A
├ トマトピューレ —— 大さじ1
├ みそ —— 大さじ1
├ みりん —— 大さじ1
├ **クミン（粒）** —— 小さじ1/2
├ **ターメリック** —— 小さじ1/3
├ **コリアンダー** —— 小さじ2
├ **チリペッパー** —— ひとつまみ
└ **カルダモン** —— 小さじ1/3

卵黄 —— 1個（好みで）
ディル —— 適量（好みで）

下準備

長ねぎはみじん切りにする。さばは骨を取る。

作り方

1. フライパンにサラダ油をひいてクミンを熱し、香りが出たら長ねぎを加える。中火で縁がこんがりするまで炒め、GGペーストを加えて水分を飛ばす。

2. Aを加えてペースト状になるように炒める。

3. さばを入れてほぐし、中火で水分を飛ばすように5分くらい煮る。

4. ごはん（材料外）とともに器に盛りつけ、好みで卵黄とディルを添える。

Advice

長ねぎの青々しい香りは、コリアンダーと相性がよい。

Monko tips

みそ煮のさば缶でも作れますが、その場合は塩分量が多くなるため、
みその分量を半分にしましょう。

クミン（粒） × クミン（パウダー） × コリアンダー × チリペッパー × カルダモン

120

冷やし生カレー

野菜も魚介も生のまま！
さわやかな食味の進化型スパイス料理。

 辛さ

 材料

いか（刺身用）—— 100g

A
├ トマト —— 1/2個
├ 玉ねぎ —— 1/6個
├ おろしにんにく
│   —— 小さじ1/3
├ オリーブオイル —— 大さじ1
├ レモン汁 —— 小さじ2
├ 塩 —— 小さじ1/2
├ **クミン（パウダー）**
│   —— 小さじ1
├ **コリアンダー** —— 小さじ1
├ **カルダモン** —— 小さじ1/3
└ **チリペッパー** —— ひとつまみ

かいわれ大根 —— 10g
鶏ガラスープ —— 300㎖
クミン（粒） —— 小さじ1/2

下準備

トマトは1cm角に切る。 玉ねぎはみじん切りにする。 いかはそうめん状に切る。

作り方

1 ボウルにAを入れてかくはんする。

2 フライパンでクミン（粒）を焙煎し、1に加える。

3 鶏ガラスープを加えて全体を混ぜ、 いかとかいわれ大根を加える。 冷蔵庫で1時間冷やす。

Advice

● 具材はいか以外の魚介でもOK！火を通さないので、刺身用を使うこと。
● 玉ねぎはみじん切りにすることで辛みがスープに溶けて旨みに変わる。

Monko tips

使う材料はいつものカレーとほぼ同じ。 作り方でこんなにも
違う味わいになる、 というくらいカレーの可能性が感じられます。

 クミン（粒） × ターメリック

ヨーグルトレモンケーキ

オーブンもケーキ型もいらない、ふわふわのスパイシーなスイーツ。

材料（9cm×13cm×高さ5cmの容器分）

A
薄力粉 —— 100g
レモン汁 —— 大さじ1
ベーキングパウダー
—— 小さじ2/3

砂糖 —— 50g
卵 —— 1個
ヨーグルト（プレーン）—— 100g
オリーブオイル —— 大さじ3
クミン（粒） —— 小さじ1
ターメリック —— 小さじ1/3

下準備

耐熱容器の内側にオリーブオイル（材料外）を塗る。薄力粉はふるっておく。

作り方

1 フライパンにオリーブオイルをひいてクミンを熱し、香りが出たら火を止めて粗熱を取る。

2 ボウルに卵を割り入れてヨーグルトと砂糖を混ぜたのち、1とAを入れて泡立て器でよく混ぜる。

3 耐熱容器に移し、ラップをせずに電子レンジで5分加熱する。

クミン（粒）× コリアンダー × カルダモン

ブラウニー

プチプチのクミンとアーモンドが香ばしくアクセントに。

 材料（9cm×13cm×高さ5cmの容器分）

ミルクチョコレート —— 100g

牛乳 —— 大さじ2

薄力粉 —— 大さじ3

卵 —— 1個

砂糖 —— 50g

サラダ油 —— 大さじ3

クミン（粒） —— 小さじ1

コリアンダー —— 小さじ1

カルダモン —— 小さじ1/2

スライスアーモンド

　　—— 大さじ1（好みで）

ミント —— 適量（好みで）

下準備

耐熱容器の内側にサラダ油（材料外）を塗る。卵は割りほぐしておく。

作り方

1 クミンとアーモンドをフライパンで乾煎りする。アーモンドが茶色く色づいたら取り出しておく。

2 耐熱容器にミルクチョコレートと牛乳を入れ、電子レンジで30秒加熱し、やわらかくしてからボウルに移してよく混ぜる。

3 サラダ油、卵、砂糖の順番でボウルに入れてよくすり混ぜたら、*1*、薄力粉、コリアンダー、カルダモンを混ぜ合わせる。

4 耐熱容器に平らになるように流し入れ、ラップをせずに電子レンジで1分30秒加熱する。器に盛りつけ、好みでスライスアーモンドとクミン（材料外）を散らし、ミントを添える。

ターメリック × カルダモン

焼かないなめらかチーズケーキ

とろける口当たりが魅力の、スパイシーな大人スイーツ。

材料（2人分）

クリームチーズ —— 200g
ココアクッキー —— 10枚（50g）
バター —— 10g
A | 生クリーム —— 50mℓ
  | 砂糖 —— 30g
  | **ターメリック** —— 小さじ1/3
  | **カルダモン** —— 小さじ1/2

作り方

1 ココアクッキーは耐熱ポリ袋に入れて叩いてくだき、バターを加えて電子レンジで20秒温め、バターを溶かしてなじませる。

2 クリームチーズを電子レンジで1分加熱してやわらかくし、ボウルに入れてなめらかになるまで練ったら、Aを入れてさらによく練る。

3 容器に1をすき間なく敷き詰め、2のチーズ生地を容器の8分目くらいまで流し入れる。冷蔵庫で1時間以上冷やし、好みでカルダモン（材料外）をふる。

はちみつ生キャラメル

ほんのり漂うスパイスの香りで、刺激的な口どけに。

材料 （約20個分）

	生クリーム ―― 200㎖	
	牛乳 ―― 100㎖	
A	砂糖 ―― 100g	
	バター ―― 50g	
	はちみつ ―― 大さじ1	

クミン（粒） ―― 小さじ1

カルダモン ―― 小さじ1/2

作り方

1 鍋でクミンを焙煎し、香りが出たらAを入れ、ヘラで混ぜながら中火で加熱する。

2 薄い茶色になり、ヘラからゆっくり落ちるくらいに煮詰めたら一旦火を止め、カルダモンを加えて混ぜ合わせ、容器に流し入れる。

3 冷蔵庫で冷やし固め、好みの大きさに切る。

クミンティー

クミン（パウダー）

温かいままでも冷やしても、
香ばしさが心を和ませる。

 材料

水 —— 300㎖
クミン（パウダー） —— 小さじ1

材料 作り方

1 鍋でクミンを熱し、フライパンを
ゆすりながらかすかに煙がのぼ
り、香りが出てきたら水を入れ
る。沸騰したら3分煮る。

ターメリックの
豆乳ミルク

ターメリック

海外のセレブから人気が広まった、
美容と健康にうれしい安らぎの一杯。

 材料

豆乳 —— 300㎖
砂糖 —— 大さじ1
ターメリック —— 小さじ1/3

 作り方

1 すべての材料を鍋に入れて中火で
混ぜながら沸かす。

カルダモン香るカフェオレ

カルダモン

リラックス効果のあるカルダモン入りのカフェオレでホッとひと息。

 材料

牛乳 —— 300㎖　水 —— 50㎖
インスタントコーヒー —— 大さじ1
はちみつ —— 大さじ2
カルダモン —— 小さじ1/3

 作り方

1 すべての材料を鍋に入れて中
火で混ぜながら沸かし、沸騰
直前で火を止める（高温で一
気に沸かすとタンパク質が固
まって膜が張るためゆっくり沸
かす）。

スパイシーなチャイ

 ×

コリアンダー　チリペッパー

ほんのりピリ辛のホットチャイ。
少し苦みがある濃いめの茶葉がおすすめ。

 材料

茶葉（アッサム、ウバなど）—— 大さじ1
牛乳 —— 200㎖　水 —— 100㎖
砂糖 —— 大さじ2　**コリアンダー** —— 小さじ1/3
チリペッパー —— ひとつまみ

 作り方

1 鍋に湯を沸かして茶葉を入れ、2分
加熱したら残りの材料を加えて弱火
で2分煮出す。

著者
一条もんこ
いちじょう

スパイス料理研究家。スパイス料理とカレーの料理教室
『Spice Life』主宰。レシピ開発、商品企画開発、講演会等で
活動。ご当地カレーの開発による地域創生も手掛ける。
著書『あなたの知らないレトルトカレーのアレンジレシ
ピ』（扶桑社）。監修のレトルトカレー『あしたのカレー』
他多数、全国販売中。メディア出演多数。
〈HP：https://monko.club/〉

参考文献
「知っておいしい　スパイス事典」（実業之日本社）
「ハーブとスパイスの図鑑」（マイナビ出版）
「おいしい＆ヘルシー！はじめてのスパイスブック」（幻冬舎）
「世界一やさしいスパイスカレー教室」（マイナビ出版）

STAFF

デザイン	GRiD
撮影	鈴木正美
スタイリング	本郷由紀子
編集協力	柏倉友弥（STUDIO PORTO）
校正	聚珍社、村上理恵

おうちで楽しむ スパイス料理とカレー

著　者	一条もんこ
発行者	池田士文
印刷所	大日本印刷株式会社
製本所	大日本印刷株式会社
発行所	株式会社池田書店
	〒162-0851　東京都新宿区弁天町43番地
	電話03-3267-6821（代）／振替00120-9-60072

落丁・乱丁はおとりかえいたします。
© Ichijo Monko 2020, Printed in Japan
ISBN978-4-262-13051-4

20000006